O QUE A ESQUERDA DEVE PROPOR

COLEÇÃO NOSSO HOMEM, NOSSO TEMPO

ROBERTO MANGABEIRA UNGER
O QUE A ESQUERDA DEVE PROPOR

Tradução de Antonio Risério
Revisão técnica de Tito Riff
2ª edição

Título original: *What Should the Left Propose?*
Copyright © 2023, Roberto Mangabeira Unger
Tradução para a língua portuguesa © 2023 Casa dos Mundos / LeYa Brasil,
Antonio Risério

Todos os direitos reservados e protegidos pela Lei 9.610, de 19.02.1998.
É proibida a reprodução total ou parcial sem a expressa anuência da editora.

Editora executiva Izabel Aleixo
Produção editorial Ana Bittencourt, Carolina Vaz e Rowena Esteves
Revisão Eduardo Carneiro
Projeto gráfico e capa Thiago Lacaz
Diagramação Alfredo Rodrigues
Índice Gabriella Russano

Dados Internacionais de Catalogação na Publicação (CIP)
Angélica Ilacqua CRB-8/7057

Unger, Roberto Mangabeira
    O que a esquerda deve propor / Roberto Mangabeira Unger;
tradução de Antonio Risério. – 2. ed. - São Paulo: LeYa Brasil, 2023.
    160 p.

ISBN 978-65-5643-190-1
Título original: What Should the Left Propose?

1. Direita e esquerda - Ciência política 2. Política econômica
3. Política social I. Título II. Risério, Antonio

22-3030   CDD 320

Índices para catálogo sistemático:
1. Ciências sociais

LeYa Brasil é um selo editorial da empresa Casa dos Mundos.

Todos os direitos reservados à
CASA DOS MUNDOS PRODUÇÃO EDITORIAL E GAMES LTDA.
Rua Frei Caneca, 91 | Sala 11 – Consolação
01307-001 – São Paulo – SP
www.leyabrasil.com.br

SUMÁRIO

Apresentação à nova edição brasileira   7

1   A ditadura da falta de alternativas   19

2   A desorientação da esquerda   27

3   A reorientação da esquerda   33

4   Um agente: trabalhadores que querem ser pequeno-burgueses   47

5   Um agente: nações que querem ser diferentes   51

6   Uma oportunidade: a nova relação entre cooperação e inovação   53

7   Países em desenvolvimento: crescimento com inclusão   61

8   Europa: a reinvenção da social-democracia   73

9   Estados Unidos: esperança para a pessoa comum   83

10   A globalização e o que fazer com ela   107

11   Duas concepções de esquerda   119

12   Cálculo e profecia   129

Apêndice: Prefácio à edição alemã   135

Índice   149

APRESENTAÇÃO À NOVA EDIÇÃO BRASILEIRA

Este livro foi originalmente publicado em 2005 como tentativa de apresentar minhas ideias programáticas de forma singela e, sempre que possível, contextualizada. Em *O que a esquerda deve propor*, o foco da contextualização recaiu sobre os países ricos do Atlântico Norte.

O propósito desta apresentação é realçar alguns contrastes de minhas ideias com o esquerdismo convencional, abordar o significado, para essas divergências, de mudanças que ocorreram no mundo nas últimas duas décadas e tratar das implicações desse debate para o Brasil e seu futuro.

Nunca estive, e não estou, entre os muitos que julgam a diferença entre direita e esquerda carente, hoje, de conteúdo. Concordo, porém, que temos que lhe dar conteúdo novo.

Pela visão de hoje do eixo de divisão entre direita e esquerda, conservadores e progressistas, conservadores seriam aqueles que privilegiam o valor da liberdade definida sobre o pressuposto das formas institucionais conhecidas da economia de mercado, da democracia política e da sociedade civil independente. E progressistas seriam aqueles que priorizam o valor da igualdade calcado nos mesmos pressupostos. É, portanto, o embate da liberdade superficial e da igualdade superficial, se por superficialidade se entende falta de ambição para transformar as instituições e as representações ideológicas associadas a elas. Surge, associada a esse contraste,

O que a esquerda deve propor

outra ideia: o debate ideológico oporia os que querem mais Estado dos que desejam mais mercado. No meio, ou no centro (centro-direita e centro-esquerda), estariam o social-liberalismo e a social-democracia, que querem reconciliar mercado e Estado.

Por muitas razões – algumas abordadas neste livro, outras em outros escritos –, rejeito essa concepção do debate. Proponho outra, mais fecunda, realista e candente – e mais próxima à visão dos liberais e dos socialistas no século XIX. Por essa outra visão, conservadores são aqueles que julgam natural que a vida seja pequena, a não ser para elite de aventureiros, gênios, heróis, santos, fazedores de si mesmos. A maioria só escapa dessa sina em circunstâncias extraordinárias, como as guerras, quando os extremos do sacrifício exigido por devoção superior nos permitem esquecer de nós mesmos. Progressistas são aqueles que creem que homens e mulheres comuns podem ascender a vida maior – com mais intensidade, capacitação e abrangência. Engrandece-mo-nos juntos.

A luta contra a desigualdade é acessória a esse objetivo: desigualdades grandes corrompem nossas relações uns com os outros. O fim, porém, não é impor igualdade rígida de resultados ou circunstâncias. É trocar a igualdade superficial pela liberdade profunda. Igualdade superficial é aquela que se promove por redistribuição retrospectiva, que procura atenuar a desigualdade sem reconstruir suas bases institucionais. Liberdade profunda é aquela que se constrói refazendo as instituições políticas, econômicas e sociais. Em ambos os casos, o método tem implicações decisivas para o conteúdo. Fazer a causa da igualdade depender de redistribuição compensatória é empobrecê-la ao desvinculá-la de instituições que a associam ao empoderamento. Promover a liberdade pela construção de uma democracia mudancista, de alta energia, e de uma economia de conhecimento para muitos é assentá-la sobre bases de empoderamento e, portanto, enriquecer seu conteúdo moral. Deixa de ser apenas a expansão do arbítrio individual. Passa a ser maneira de organizar vida maior.

O segundo critério para distinguir entre conservadores e progressistas tem a ver com meios, métodos, práticas e premissas. Conservadores são

Apresentação à nova edição brasileira

aqueles que buscam efetuar seus objetivos dentro do quadro estabelecido pelas instituições existentes e suas representações ideológicas. Progressistas são os que insistem em ultrapassar os limites desse quadro. Ao ultrapassá-los, não se podem refugiar em dogmas a respeito das alternativas institucionais, como fizeram os liberais e os socialistas do século XIX, mal aconselhados pelo dogmatismo institucional do liberalismo clássico e do marxismo. Temos agora tarefa sem precedente: afirmar a primazia de alternativas estruturais sem sucumbir ao fetichismo das alternativas dogmáticas.

Por esse contraste que proponho, a preponderância decisiva dos que nos habituamos a ver como progressistas é conservadora. Dizê-lo não é escolasticismo doutrinário. Ganha relevo prático quando percebemos que as correntes dominantes na política das democracias ocidentais, desde meados do século passado – a social-democracia e o social-liberalismo institucionalmente conservadores –, não estão equipadas para solucionar, ou sequer entender, os problemas estruturais das sociedades em que atuam. Problemas estruturais exigem soluções estruturais, que essas correntes não oferecem.

O último grande momento de refundação institucional e ideológica nos países ricos do Atlântico Norte, os mesmos países que costumamos tomar por referência, foi o acerto social-democrata, construído em meados do século XX, antes e depois da Segunda Guerra Mundial. Pelos termos desse acerto, as forças que pretendiam reconstruir as instituições políticas e econômicas foram derrotadas ou mudaram de opinião. Delineou-se outro projeto: para atenuar as desigualdades geradas no mercado recorrendo à tributação progressiva e ao gasto social redistribuidor, para regular as empresas de maneira mais intensiva e para manejar a economia de maneira contracíclica e manter a continuidade do crescimento.

É esse projeto que entrou em crise no fim do século XX. Seu conservadorismo institucional o impede de oferecer soluções estruturais para os problemas estruturais das sociedades contemporâneas.

Entre esses problemas, três merecem ênfase.

O primeiro problema é o do confinamento da forma mais avançada da produção – hoje, a economia do conhecimento – a vanguardas que excluem a grande maioria das empresas e dos trabalhadores. Abre-se fosso largo e fundo entre essas vanguardas e todo o resto do sistema de produção. A consequência é estagnação econômica, de um lado, e agravamento da desigualdade, de outro lado. O aprofundamento e a disseminação da economia do conhecimento – dois lados do mesmo processo – exigiriam, entre outras condições, a reconstrução, parte por parte e etapa por etapa, da arquitetura institucional e jurídica de mercado.

Para isso, seria preciso que os progressistas tivessem projeto produtivista, não apenas distributivista, e que dissessem como pretendem enfrentar o novo dilema do desenvolvimento. A antiga vanguarda da produção – a indústria convencional ou o fordismo industrial – não volta. Hoje, sobrevive apenas como vestígio da vanguarda anterior ou satélite da nova vanguarda, da economia do conhecimento. Alternativa seria forma includente dessa nova vanguarda. Essa alternativa, porém, não existe nem nos países mais avançados e igualitários, com as populações mais preparadas. Como esperar que possa existir no resto do mundo? Só se pode romper esse dilema do segundo lado pela construção de uma economia de conhecimento para muitos. Teria de ser um dos maiores focos do projeto produtivista que falta aos progressistas.

O segundo problema é o da coesão social. O acerto social-democrata confia em transferências de dinheiro de abastados a necessitados, por iniciativa do Estado. Mas dinheiro é cimento social frágil. Sua precariedade é disfarçada enquanto continua alto o nível de homogeneidade social e cultural. Basta que se eroda esse nível – por conta de fluxos migratórios ou de conflitos morais e religiosos, por exemplo – para que sua insuficiência como instrumento de coesão fique patente.

A única base adequada da coesão social nas sociedades contemporâneas é a multiplicação de formas de ação coletiva que reúnam pessoas de origem diferente para buscar objetivos comuns. É exatamente o inverso da política identitária, que junta as pessoas com base em semelhanças sociais ou físicas manifestas.

O terceiro problema é o da política e da mudança. Todas as democracias existentes são democracias fracas, organizadas de modo a fazer com

Apresentação à nova edição brasileira

que a mudança continue a depender das crises, nas suas duas feições principais – guerras e colapsos econômicos. Democracia de alta energia, organizada para elevar a temperatura da política e acelerar o passo da política, e para combinar ação forte do poder central como a criação de contramodelos do futuro nacional por partes de um país, tornaria a transformação menos dependente do trauma. Enquanto isso, cabe à imaginação fazer o trabalho da crise sem crise.

Este livro é, antes de mais nada, crítica da social-democracia institucionalmente conservadora e proposta de outro caminho. Nas duas décadas que se seguiram a sua publicação, tudo aconteceu como que para sublinhar os males do pacto estabelecido. A social-democracia foi esvaziada de muito de seu conteúdo histórico – sobretudo as garantias e vantagens dos trabalhadores estáveis. A parte precarizada da força de trabalho cresceu dramaticamente. Retirou-se a sua última linha de defesa: a preservação de nível alto de investimento nas pessoas, paradoxalmente financiada pela tributação regressiva do consumo. As elites governantes ou endinheiradas das democracias do Atlântico Norte abraçaram como projeto a reconciliação da proteção social característica dos principais países da União Europeia com a flexibilidade econômica identificada com os Estados Unidos. O crescimento econômico, porém, não voltou, ou voltou em forma mais claudicante do que nos trinta anos que se seguiram à Segunda Guerra Mundial, apesar das promessas cintilantes da inovação tecnológica. A maioria trabalhadora se sentiu abandonada por seus paladinos políticos tradicionais – os partidos históricos de esquerda e centro-esquerda.

A desmoralização da social-democracia representada nos Estados Unidos pelo legado de Franklin Roosevelt e de seu New Deal, e por sua gêmea liberalizante, o social-liberalismo, e, sobretudo nos Estados Unidos, a associação dos progressistas com a política identitária e com orientações morais e políticas que ofendiam as convicções da maioria trabalhadora, criou vazio político. Nesse vazio entrou, em vários países, populismo autoritário e quase inteiramente destituído de programa, a não ser o fortalecimento do poder executivo e a imposição de restrições à entrada de estrangeiros. No que diz

O que a esquerda deve propor

respeito à produção, as propostas dos populistas de direita convergem, surpreendentemente, com as dos social-democratas institucionalmente conservadores: adiar, por alguns anos, a quebra da indústria convencional.

Este livro é uma crítica à social-democracia institucionalmente conservadora que, na sua forma reduzida e liberalizada, continua a ser projeto hegemônico na Europa Ocidental, nos Estados Unidos e nos países afins mundo afora. É também, sobretudo, a demarcação de outro caminho.

Ao leitor brasileiro não escapará a pertinência dessa narrativa e desse debate ao passado e ao futuro do Brasil. Há muito tempo, desde a redemocratização, que o projeto dominante entre nós, compartilhado pela maior parte de nossa esquerda e pela direita apresentável é a social-democracia sem agenda de transformação institucional – liberalizada e desfalcada de muito de seu conteúdo histórico, exatamente como tem sido nos países ricos do Atlântico Norte. Daí a predominância, entre nós, do que chamei de discurso da Suécia tropical.

A tarefa da política seria dourar a pílula do modelo econômico. A maneira de dourá-la, segundo esse discurso, é fingir que podemos consertá-la usando os métodos da social-democracia escandinava. Mas não é a Suécia real que é invocada nesse discurso. É a Suécia imaginária, de cerca de 1970, que não precisava, antes de construir os direitos e as transferências sociais, de viver, como viveu, muitas décadas de luta a respeito da democratização do poder e das oportunidades e chegar a acerto entre o Estado social e a plutocracia sueca, antes de desenvolver o sistema de direitos sociais pelo qual ganhou fama.

No Brasil, esse discurso teve também o papel de disfarçar realidade mais bruta: a prática generalizada da cooptação. Nos governos do PSDB e do PT, conduzidos sob o manto de retórica política que enaltecia a humanização do inevitável, o que os pobres recebiam era miséria comparado com o que o Estado brasileiro pagava aos rentistas endinheirados. Os que malogravam como produtores continuavam a prosperar como rentistas. A produção involuía, a começar pela desindustrialização, enquanto o Brasil buscava alívio econômico nas suas riquezas naturais: a agricultura, a pecuária e a mineração

12

Apresentação à nova edição brasileira

pagavam as contas do consumo urbano. O que caracterizei como o novo dilema do desenvolvimento passava longe do debate nacional.

Sob a aparência de passar o país da esquerda para a direita, o governo Bolsonaro acrescentou outros temas, outras palavras: política cultural que era a inversão da política identitária e a denúncia da corrupção – consequência direta das práticas de cooptação. Sob a aparência de grande reviravolta ideológica, o Brasil sob Bolsonaro continuou no rumo prefigurado pelas gestões do PT e do PSDB: financismo fiscalista, pobrismo compensatório, complacência com a regressão produtiva, aproveitamento das riquezas tiradas da terra para amortecer as consequências da desqualificação de nossa produção e de nossa gente. A humanização do inevitável, a imitação brasileira da social-democracia flexibilizada, rendida e, por isso mesmo, sem ambição para mudar as instituições econômicas e políticas, acabara na estagnação e na ruína. Esse era o Brasil às vésperas da eleição de 2022.

Num país cujo maior recurso é sua vitalidade, a mensagem do engrandecimento compartilhado carrega significado especial. O maior mal que o Brasil enfrenta hoje não é o da desigualdade; é o da mediocridade. A desigualdade extrema só pode ser superada em meio à onda para superar a mediocridade.

A esquerda de que o Brasil precisa é a esquerda que troque a humanização do inevitável pelo esforço de nos soerguer e de dar braços, asas e olhos à vitalidade brasileira. Essa esquerda precisa focar a qualificação do nosso aparato produtivo, a transformação qualitativa da educação no Brasil, o aprofundamento da democracia brasileira, rumo a uma democracia de alta energia que não necessite de crises para propiciar mudanças, e a reimaginação do projeto nacional nas circunstâncias de cada grande região do país.

Essa esquerda há de ter projeto produtivista. Todos os setores da produção, inclusive o agropecuário, podem subir a escada da produtividade e ganhar, pouco a pouco, traços da economia do conhecimento. A escola brasileira pode prover de instrumentos essa anarquia criadora que é o Brasil em vez de sepultá-la debaixo de enciclopedismo raso e dogmático. A democracia brasileira pode começar a construir instituições que dispensem a guerra e a depressão econômica como condução da mudança. E cada um dos Brasis

O que a esquerda deve propor

que convivem dentro do Brasil pode nos dar outra chance para reimaginar nosso caminho nacional. A começar pela Amazônia, cujo desenvolvimento sustentável depende de algo de que precisamos em todo o país: o casamento da inteligência com a natureza.

Qual a base social de tal esquerda no Brasil e no mundo? Qual sua base intelectual? E qual seu vínculo com a ideia de nação e de projeto nacional?

Sua base social não pode ser sua base histórica: o operariado organizado e sediado nos setores intensivos em capital. Não é mais, se é que já foi, agente crível dos interesses do povo. É minoria, cada vez menor, da população, que se vê e que é vista, como apenas mais um grupo de interesse ao lado de outros. A maioria está na informalidade ou na precarização. E tem como horizonte de aspiração outra classe, tradicionalmente demonizada pela esquerda: a pequena burguesia empreendedora. Se identificarmos essa pequena classe média por sua orientação subjetiva e não pelo seu papel na divisão social do trabalho, é a grande maioria do Brasil e da humanidade. Aspira a modesta prosperidade e independência, habitualmente identificada, na falta de outras respostas a esta aspiração, com o empreendimento familiar isolado e arcaico. Cultua as promessas e a responsabilidade. Mantém a fé; em muitos países, inclusive no Brasil, é nela que está o principal sustentáculo dos movimentos evangélicos. A esquerda teria de vir ao encontro dela e lhe oferecer alternativas que dessem vazão a suas aspirações para além da forma tradicional da pequena propriedade e do pequeno empreendimento. A reconstrução jurídica e institucional da economia de mercado para ampliar o acesso aos meios e às oportunidades da produção é a condição fundamental. Mas é apenas o começo de transformação no entendimento dos interesses e das perspectivas da maioria trabalhadora.

Essas ideias têm significado direto para nosso país. O agente social mais importante no Brasil de nossos dias são os que costumamos chamar de os emergentes. Esforçam-se para manter pequenos negócios em vez de buscar, como faz a classe média tradicional, o emprego público e as profissões liberais. Abraçam cultura de autoajuda e iniciativa. Revoltam-se contra os

Apresentação à nova edição brasileira

privilégios dos encostados, sejam ricos ou pobres – ricos com o dinheiro do Estado ou pobres apesar do dinheiro do Estado.

Atrás dos emergentes, vem os batalhadores, milhões de brasileiros ainda pobres que lutam para seguir o caminho deles. Trabalham, às vezes em mais de um emprego, dia e noite. Assimilaram a cultura da autoconstrução.

E atrás dos batalhadores, está a massa pobre do Brasil – a maior parte na informalidade e na precarização. Aceita, agradecida, o dinheiro das transferências, como o Bolsa Família. Mas o que quer mesmo é oportunidade e capacitação.

Esses grupos – os emergentes, os batalhadores e a grande parte da massa sobre a qual batalhadores e emergentes exercem influência – não bastam para compor, em sociedade tão hierárquica como o Brasil, a base social de alternativa como aquela que preconizo aqui. Essa base há de atrair também os grandes e médios produtores dispostos a se oporem ao predomínio do rentismo financeiro. E envolver, também, corporações, como as dos funcionários do Estado, civis e militares, que se identifiquem com a perspectiva nacional.

É base que se juntará para afirmar a primazia dos interesses do trabalho e da produção e para resgatar o Brasil do pântano de estagnação e mediocridade em que afunda.

A proposta deste livro exige, além de base social, base intelectual: maneira de pensar que, compartilhada por muitas mentes, possa servir para desdobrá-la. Essa maneira de pensar contradiz as ideias dominantes no mundo e no Brasil. Sua característica maior é servir à imaginação das estruturas institucionais e ideológicas e ao pensamento a respeito de sua reconstrução. O eixo central desse ideário é o que, na história das teorias sociais e políticas, ficou conhecido como a teoria dos regimes. De Aristóteles a Montesquieu e Marx, explicar a natureza dos regimes tem sido a preocupação superior do pensamento social e histórico. Preservar ou transformar os regimes é o objeto supremo da ambição política.

Foi Marx que reconheceu o ponto mais importante: as estruturas sociais e ideológicas que regem as rotinas da sociedade são criação nossa. Mas essa visão clarividente foi logo cercada, no pensamento dele, por qualificações

O que a esquerda deve propor

que lhe comprometeram o alcance e lhe esvaziaram o conteúdo: que há elenco fechado dos regimes (que Marx chamava modos de produção); que cada um deles é sistema indivisível, que ou se maneja ou se substitui por todo; e que leis, semelhantes às leis da natureza, governam o funcionamento dos regimes e sua sucessão no tempo.

As ciências sociais que se desenvolveram a partir do fim do século XIX dispensaram essas teses apenas porque suprimiram a visão estrutural. Sua tendência é cobrir a vida social com o manto da normalização ou racionalização.

No Brasil, esse legado intelectual foi levado a suas últimas consequências. Uma vertente da vida intelectual brasileira é um marxismo encolhido. Dispensou o que havia de mensagem transformadora no marxismo e ficou com o determinismo histórico, como na "teoria da dependência". Encontrou eco no determinismo culturalista dos antropólogos. Seguiu o exemplo geral do marxismo no mundo ao temperar o cientificismo determinista com o reconhecimento da autonomia relativa da política e da cultura.

A outra vertente, mais amplamente representada, sobretudo na disciplina mais influente, economia, é a da imitação das ciências tal como praticadas na academia dos Estados Unidos. O aparato analítico de cada uma dessas disciplinas é manobrado para cortar o vínculo vital entre o entendimento do existente e a imaginação do possível adjacente: não o possível remoto e fantasmagórico, mas o possível que se possa alcançar, por meio de transformações definidas, a partir de onde estamos. Desse vínculo depende, em cada área do conhecimento, nossa capacidade de aprofundar o entendimento da realidade. As ortodoxias da cultura universitária associam cada matéria com um método, como se esse casamento de método com matéria fosse natural, necessário e indissolúvel.

Esses não são problemas do pensamento brasileiro; são problemas do pensamento universal. Mas se tornam também males da vida das ideias no Brasil porque nosso colonialismo mental nos inibe de repensar as ideias de cada disciplina à luz das provocações de nossa realidade, comparada com as experiências de outros povos. As duas correntes principais – a do marxismo cabisbaixo e a da imitação da prática americana das ciências sociais – têm

Apresentação à nova edição brasileira

efeito prático convergente: engrossam o coro do fatalismo que se destina a nos desanimar da tentativa de quebrar paradigmas conceituais e práticos e de levar o país a desbravar caminhos que não tenham sido antes referendados por nossos pretendidos tutores.

As ideias deste livro pressupõem outra prática intelectual. Essa prática exige concepção da natureza e da transformação de regimes que afirma a primazia da visão estrutural e das alternativas sem esvaziá-la, como faz o pensamento marxista, ou suprimi-la, como faz a prática americana. A doutrina dos regimes implícita nas propostas deste livro está explicitada em outros escritos meus. Faz parte de chamamento à rebeldia nacional, animado pela convicção de que o Brasil, de posse de si mesmo, pode ajudar a trazer luz e alento à humanidade.

Afirmação nacional, se é incompatível com a importação obediente de modelos institucionais, não exige reduzir o debate programático mundial a conjunto de idiossincrasias nacionais. Este livro não precisa tratar explicitamente do Brasil para ter implicações para nosso caminho. A alternativa produtivista, capacitadora e democratizante que ele propõe vale, com as adaptações e reinvenções exigidas pelas circunstâncias de cada país, a amplo conjunto de sociedades contemporâneas.

Tese comum entre os progressistas é que ortodoxia que pretende exercer influência mundial (tal como o consenso de Washington, o neoliberalismo, a social-democracia institucionalmente conservadora e liberalizada) deve ser combatida por heresias locais. Cada heresia local seria composta pela junção de elementos da ortodoxia universal com variações justificadas pela realidade e pelas aspirações de cada país.

Ortodoxia universal, porém, só pode ser enfrentada por heresia universalizante, como foram o liberalismo e o socialismo no século XIX. Não demarcavam o rumo desse ou daquele país. Traziam mensagem para a humanidade. Este livro propõe heresia universalizante para o mundo de hoje.

A proposta é justificada pela convicção, anunciada no começo do livro, de que as sociedades contemporâneas estão ligadas por corrente de analogias nos problemas que vivem e nas alternativas que poderiam resolvê-los. Não

O que a esquerda deve propor

significa que devam convergir para o mesmo receituário institucional, como quer a atual ortodoxia mundial e como queriam os liberais e socialistas no século XIX. São tarefas para toda a humanidade, a construção de economia de conhecimento para muitos; de democracia que não necessite de crises para propiciar mudanças; de sociedade civil que se organize fora do mercado e do Estado e que transforme as diferenças em meios de união; e de educação que ensine o jovem a atuar dentro da ordem estabelecida da sociedade e da cultura, e, ao mesmo tempo, a pensar além dos limites dessa ordem.

A maneira de cumprir essas tarefas há de divergir em sociedades diferentes. Todos os países terão a aprender uns com os outros ao cumpri-las. Nós todos, os vivos, nos ensinaremos, mundo afora, como fabricar o novo e como transformar memória em profecia.

Roberto Mangabeira Unger
Setembro de 2022

CAPÍTULO 1
A DITADURA DA FALTA
DE ALTERNATIVAS

O mundo sofre, hoje, sob a ditadura da falta de alternativas. Embora as ideias, por si mesmas, sejam impotentes para derrubar essa ditadura, não iremos derrubá-la sem ideias.

Em todas as partes do mundo, as pessoas se queixam de que as políticas nacionais fracassam na apresentação de alternativas efetivas. Em especial, alternativas que dariam novo sentido, nova vida e nova força ao antigo ideal progressista de uma perspectiva melhor para todos – uma possibilidade de assegurar as necessidades morais e materiais da vida; de trabalhar e receber cuidados quando não se puder trabalhar; de engajar-se nos assuntos da comunidade e da sociedade; de fazer de nossa vida algo que tenha valor a nossos próprios olhos.

É possível, em poucas páginas, propor um caminho a ser seguido? E fazê-lo de modo a revelar tanto as similaridades quanto as diferenças entre o caminho a ser seguido pelos países mais ricos e pelos países mais pobres? Penso que sim. E tem de ser possível em poucas páginas – se de fato há um caminho.

Muitos países são hoje governados por pessoas que gostariam de ser Franklin Roosevelt, mas não sabem como. Outros são dirigidos por alcoviteiros dos grandes negócios e dos ressentimentos desesperados e invertidos de uma classe trabalhadora majoritária que se sente abandonada e traída pelos supostos Roosevelts. Os autodeclarados progressistas aparecem no palco da história contemporânea como humanizadores do inevitável: o programa

O que a esquerda deve propor

deles tornou-se o programa de seus adversários conservadores, com um pequeno desconto. Disfarçam a rendição como síntese – de coesão social e flexibilidade econômica, por exemplo. Suas "terceiras vias" são a primeira via com açúcar: o adoçante da política social compensatória e da seguridade social, substituindo a ampliação fundamental de oportunidades.

Esgotaram-se as desastrosas aventuras ideológicas do século XX. E não surgiu qualquer ideologia abrangente, com a autoridade do liberalismo ou do socialismo clássicos, para mostrar o caminho a seguir agora. Ou para contestar as instituições estabelecidas nas democracias ricas do Atlântico Norte e as ideias propagadas por suas universidades. Com esse surpreendente silêncio do intelecto e a consolidação da influência americana, uma ordem inquieta desceu sobre o mundo. As guerras são locais: expedições punitivas da superpotência contra aqueles que a desafiam; ou produtos de extrema opressão e de resistência desesperada em nações divididas submetidas ao domínio de governos despóticos. Nenhum colapso – dados os recursos de política econômica existentes em cada país e de coordenação entre eles – teria como rivalizar em magnitude com o desastre da década de 1930.

Os grandes teóricos sociais europeus – Karl Marx, em primeiro lugar – identificaram a dinâmica interna das sociedades – a revelação de conflitos inevitáveis e as oportunidades perdidas – como a causa imediata de sua transformação. Estavam errados. A guerra e o colapso econômico têm sido as principais alavancas da mudança; a catástrofe, imprevista e descontrolada, tem feito o papel de parteira da reforma.

A tarefa da imaginação é fazer o trabalho da crise sem a crise. No entanto, a alta cultura acadêmica dos países ricos, com o brilho de seu prestígio e a influência mundiais, caiu sob o controle de três tendências de pensamento que ajudam a impedir que esse trabalho seja feito. Embora, com frequência, os partidários dessas três tendências se considerem adversários ou rivais, eles, na verdade, são parceiros. Nas ciências sociais – especialmente na mais poderosa delas, a economia –, a racionalização reina: a explicação do funcionamento da sociedade contemporânea se transforma em justificação da superioridade ou da necessidade dos arranjos hoje estabelecidos nos países ricos.

A ditadura da falta de alternativas

Nos discursos normativos da filosofia política e da teoria do direito, a humanização está no comando: a justificação de práticas, como a redistribuição compensatória pelo Estado ou a idealização da lei como um repositório de princípios e políticas impessoais que tornariam a vida menos cruel para os mais pobres ou mais fracos. As mais admiradas teorias da justiça dão um lustro de apologia metafísica a práticas redistributivas de taxação-e-transferência adotadas pelas sociais-democracias conservadoras de hoje. Dessa maneira, os humanizadores esperam suavizar o que já não sabem modificar ou refazer. Nas humanidades, o escapismo está na ordem do dia: a consciência vai passear numa montanha-russa de aventuras, desconectada da reconstrução da vida prática. Somos ensinados a cantar acorrentados. A cumplicidade silenciosa dessas tendências racionalizantes, humanizadoras e escapistas, na cultura universitária, deixa o campo aberto a formas de pensamento político prático que são tão pobres em visão quanto carentes de esperança.

Nos Estados Unidos, o Partido Democrata, sempre o instrumento dos progressistas americanos, deixou de produzir uma continuidade prática e atrativa ao programa de Roosevelt, ou de suprir a ausência de ruína econômica e guerra mundial como estímulos à reforma. Boa parte da majoritária classe trabalhadora branca do país considera as políticas apoiadas pelos democratas – na medida em que tais políticas difiram em algo das defendidas pelos republicanos – produtos de uma conspiração entre alguns dos ricos e muitos dos pobres para promover os interesses morais dos primeiros e os interesses materiais dos últimos, à custa dos próprios valores e vantagens. A classe trabalhadora branca vê pouco na redução do ativismo governamental, apoiada pelos supostos progressistas que atendam a seus interesses, e muito – especialmente como forma de apostasia da religião da família – que ofende seus ideais. É melhor mitigar suas perdas reduzindo o tamanho do governo federal.

É decisivo, para o mundo inteiro, o resultado do divórcio, no poder mundial preponderante, entre a maioria representada pela classe trabalhadora branca – um grupo que se vê como "classe média" – e seus pretensos defensores. A consequência desse divórcio é agravar uma circunstância sem

O que a esquerda deve propor

precedente na história moderna. Num momento anterior da globalização, no século XIX, quando a Grã-Bretanha e outras potências europeias exerciam um domínio menos completo do que o dos Estados Unidos hoje, os debates ideológicos que ressoavam pelo mundo se refletiam, e mesmo se ancoravam, nos países mais avançados. Hoje, o poder hegemônico não está em comunhão imaginativa com o restante da humanidade. Seus líderes, seus pensadores e sua população olham para fora e veem um mundo que vai continuar perigoso, pobre e sem liberdade, a menos que se converta à mesma fórmula institucional pela qual eles se acreditam abençoados.

O restante da humanidade, cheio de admiração pela exuberância material e a liberdade pessoal desfrutadas pelos americanos, amaldiçoa em resposta, mal disfarçando o pensamento de que, no fim das contas, será preciso escolher a guerra se o preço da paz for a submissão. As crenças dominantes do povo americano – de que tudo é possível, de que grandes problemas podem ser resolvidos se divididos em pedaços, abordados um a um, e de que homens e mulheres comuns contêm em si, individual e coletivamente, o gênio construtivo para serem artífices de tais soluções – agora se acham sem expressão prática adequada.

A parte mais rica e mais livre do mundo tem mostrado duas caras ao restante da humanidade. A social-democracia europeia parece ter proporcionado uma alternativa às asperezas do modelo americano. Se o mundo pudesse votar, votaria em se transformar na Suécia e não nos Estados Unidos – uma Suécia imaginária. Nesse meio-tempo, porém, o coração da social-democracia europeia parou de pulsar. Sob o disfarce de um esforço para reconciliar a proteção social de estilo europeu e a flexibilidade econômica de estilo americano, a social-democracia abandonou, um a um, muitos de seus traços tradicionais e se refugiou na última trincheira: a defesa de um nível elevado de benefícios e direitos sociais.

Essa versão da social-democracia não pode tratar dos problemas das sociedades europeias contemporâneas nem carregar o peso das esperanças da humanidade. Na própria Europa, os antigos progressistas aparecem como adeptos disciplinados das ideias de seus oponentes neoliberais. Em muitos

A ditadura da falta de alternativas

países, suas propostas de reforma são repudiadas por um eleitorado ao qual não se oferecem alternativas reais e que ouve das autoridades políticas e acadêmicas que elas não existem.

Quando nos voltamos para o mundo ao largo do refúgio de relativa liberdade e prosperidade do Atlântico Norte, vemos apenas fragmentos de alternativas atraentes e viáveis, não expressas em nenhum projeto – ou família de projetos – capaz de agradar ao restante da humanidade. Entre os países em desenvolvimento que se têm saído melhor nas últimas décadas, dois são os mais populosos – China e Índia. Ambos obtiveram êxito por ter resistido, em certa medida, às fórmulas universais ministradas pelas elites do Atlântico Norte – particularmente Washington, Wall Street e as universidades dos Estados Unidos. Cada um desejou participar da economia global em termos que lhes permitissem organizar sua vida nacional e orientar seu desenvolvimento econômico à sua própria maneira.

No entanto, no país que tem sido o mais fértil em inovações institucionais – a China –, o alcance e o desenvolvimento de tais inovações permanecem subordinados à defesa do jugo de um partido único. O papel que deveria ser desempenhado por um conjunto alternativo de ideias é ocupado por genuflexões diante da herança morta da ortodoxia marxista e por um fascínio pela nova e importada ortodoxia da economia de mercado, tal como entendida nas capitais políticas, financeiras e acadêmicas do Atlântico Norte. Na Índia, com sua democracia falha, mas vibrante, a resistência a essa ortodoxia importada assume principalmente a forma indistinta de lentidão e acomodação, como se o ponto fosse não se apressar para percorrer um caminho do qual não se pode escapar. A região que se mostrou mais dócil ao receituário do Norte – a América Latina – sofreu um declínio catastrófico em sua posição relativa no mundo.

Na história, a obediência raramente compensa; o que compensa é a rebeldia. No entanto, ainda não há resposta à pergunta sobre que direções essa rebeldia deve tomar, se a meta é fazer avançar as promessas da democracia. Vemos hoje no mundo uma ortodoxia político-econômica universal contestada por uma série de heresias locais. Mas só uma heresia universal seria capaz

O que a esquerda deve propor

de contrapor-se à ortodoxia universal. Se a heresia é meramente local em caráter e conteúdo, será abandonada ao primeiro sinal de dificuldade e pressão. Se resistir, sua resistência pode depender de um modo de vida religiosamente sancionado, indiferente aos ideais democráticos e experimentais dos progressistas.

Não é apenas por razões práticas que uma heresia universal parece ser o antídoto indispensável à ortodoxia universal sobre mercados e governos que agora provoca reações no mundo inteiro – seja na França e na Alemanha, seja na Rússia, no Brasil e na África do Sul. É porque as causas do descontentamento – das quais a primeira é o fracasso em ancorar o crescimento econômico em uma ampliação de oportunidades – são, elas mesmas, universais. Mas é também porque os meios estabelecidos de resposta a esse descontentamento são insuficientes e ineficazes. O repertório de alternativas políticas e institucionais que são oferecidas à organização da vida política, social e econômica é hoje muito restrito. Se pudéssemos progredir em qualquer lugar do mundo – rico ou pobre – na ampliação desse repertório institucional e na ancoragem do progresso prático em uma expansão de oportunidades, tal avanço teria implicações para todos os países.

A tentativa de alcançar crescimento econômico com inclusão social se ajusta perfeitamente à procura de propostas que sejam mais do que soluções locais para problemas locais, preparando a mente para uma heresia universalizante. Contudo, o fracasso em fundamentar o progresso prático numa ampliação sustentada de oportunidades não é a única fonte da infelicidade presente. Há uma outra poderosa fonte de descontentamento: a queixa de que a ortodoxia impede países e regiões do mundo de desenvolver suas diferentes formas de vida e seus diferentes ideais de civilização, negando-lhes a oportunidade de abrigá-los em modos distintos de organizar a sociedade. Porque convoca a uma convergência de todos os países no sentido das instituições e das práticas agora estabelecidas no Atlântico Norte – assim como a uma convergência dentro desse próprio contexto geográfico –, a ortodoxia surge como inimiga de profundas diferenças de experiência e visão. A demanda por pluralismo, diferentemente da procura por crescimento com

A ditadura da falta de alternativas

inclusão, parece incompatível com uma alternativa política e econômica que se pretende geral, em relevância e alcance.

Não é. A aparência de paradoxo se desfaz, uma vez que duas premissas são explicitadas. A primeira premissa é que um pluralismo não qualificado – uma abertura a qualquer forma de vida nacional, não importa quão desigual e despótica – não se enquadra no objetivo. O alvo deveria ser um pluralismo qualificado: construir um mundo de democracias no qual o indivíduo tenha poderes tanto para participar quanto para dissentir. Não há uma única e incontroversa interpretação do que a sociedade democrática é ou pode vir a ser. Deve-se permitir que os ideais democráticos se desenvolvam em direções diferentes e mesmo conflitantes, se for o caso. Na democracia, importam mais as diferenças que residem no futuro do que as que herdamos do passado. Na democracia, a profecia fala mais alto do que a memória.

A segunda premissa é que o pequeno repertório de soluções institucionais hoje à disposição da humanidade – as formas existentes de democracia política, da economia de mercado e de sociedades civis livres – falha em prover os instrumentos de que necessitamos para desenvolver a diferença nacional de forma compatível com ideais democráticos. Um conjunto particular de inovações, na organização de sociedades, economias e políticas contemporâneas, pode fornecê-los. Esse conjunto de inovações – uma parte importante do programa progressista que agora precisa avançar em todo o mundo – define uma passagem estreita, que a humanidade tem de atravessar para fortalecer sua capacidade de produzir diferença em bases democráticas. Descrever essa passagem, tal como pode ser encarada por países ricos e pobres, é o cerne deste manifesto esperançoso.

No entanto, não vamos entender este caminho para o futuro sem antes compreender a natureza dos obstáculos a enfrentar e a das forças e das oportunidades com que podemos contar na caminhada.

CAPÍTULO 2
A DESORIENTAÇÃO DA ESQUERDA

A esquerda se encontra desorientada, agora, em quatro terrenos distintos: uma alternativa perdida, uma ideia de mundo perdida, um agente perdido e uma crise perdida. Encarar cada uma dessas deficiências, de modo claro e direto, é começar a ver quais ações se podem tirar delas. É começar a redefinir o que a esquerda deveria propor.

A esquerda está perdendo uma alternativa. "Dirigismo" não é o caminho. A ideia de uma direção governamental da economia, já desacreditada, tornou-se ainda mais irrelevante, pela direção da mudança numa economia baseada no conhecimento. Redistribuição compensatória não é suficiente. Não o bastante para remediar as enormes pressões no sentido da desigualdade, da insegurança e da exclusão resultantes da crescente segmentação hierárquica da economia. Nem para lidar com as preocupações de desconexão social e depreciação do indivíduo, que se situam bem além do alcance da redistribuição compensatória.

Hoje, a esquerda parece incapaz de dizer a que veio, para além da direção governamental da economia ou da reparação redistributiva de desigualdades e inseguranças. Se ela afirma sua atitude crítica diante dos arranjos estabelecidos, parece estar dando ouvidos, uma vez mais, ao "estatismo". Se ela se contenta com a retaguarda defensiva das dotações sociais tradicionais, fundadas em taxação redistributiva e gasto público, parece estreitar drasticamente o âmbito de suas ambições, fazendo-as reféns de constrangimentos do crescimento econômico e das finanças públicas, cujos nós não sabe desatar.

O que a esquerda deve propor

A esquerda está perdendo um conjunto basilar de ideias para repensar e alargar o escasso estoque de concepções e arranjos institucionais, ao qual as sociedades contemporâneas estão atadas. As tendências dominantes no campo total das ciências sociais e das humanidades contemporâneas – racionalização, humanização e escapismo – conspiram para desarmar a imaginação, em sua luta para desafiar e repensar arranjos estabelecidos.

Nas ciências sociais, a racionalização prevalece: modos de explicar os arranjos existentes parecem defender sua naturalidade e necessidade. Ideias sobre alternativas estruturais, que herdamos de teorias sociais clássicas como o marxismo, permanecem emaranhadas no cadáver deteriorado das suposições deterministas. Essas suposições há muito deixaram de ser críveis: existe uma pequena lista de opções institucionais para as sociedades humanas, como "feudalismo" e "capitalismo"; cada uma dessas opções representa um sistema indivisível, cujos elementos se mantêm ou caem conjuntamente; a sucessão de tais sistemas é conduzida por leis históricas irresistíveis.

A rejeição dessas crenças deterministas, pelas ciências sociais contemporâneas, não levou a uma radicalização das descobertas que animaram a teoria social clássica europeia. A saber: a sociedade não é dada, mas feita; as estruturas da sociedade e da cultura são uma espécie de luta congelada, que resulta da contenção e interrupção do combate prático ou espiritual; nossos interesses e identidades permanecem reféns de arranjos e práticas que os representam de fato – e é na mudança desses arranjos e práticas que nos forçamos a reinterpretar interesses e identidades, pelos quais nos mobilizamos para reformar a sociedade.

Com certeza, as ciências sociais positivas se deleitam na exploração da facilidade com que a sociedade se acomoda a soluções medianas ou uma economia se deixa apanhar num equilíbrio que reprime o potencial de crescimento.

No entanto, os próprios instrumentos com que as ciências sociais provam imperfeições nos negam os meios para imaginar alternativas. Seu conceito central é que a experiência, desdobrando-se no tempo, revela o que funciona melhor ou pior, descartando o menos efetivo, num implacável, quase darwiniano processo de seleção. A tese da convergência – a tese de que as

A desorientação da esquerda

sociedades e economias contemporâneas convergem para o mesmo conjunto das melhores práticas e instituições encontráveis, num funil sempre mais estreito, historicamente, de variação social – é simplesmente a variante extrema desse viés racionalizador.

Nas disciplinas normativas da filosofia política e do pensamento jurídico, a humanização predomina. O ponto é adocicar um mundo que não podemos – ou não queremos – reconstruir. Há duas espécies de tal humanização hoje. Uma espécie é a redistribuição compensatória via taxação e transferência, traço central da base ideológica e institucional que define o horizonte histórico da social-democracia. Muitas das mais influentes teorias contemporâneas do direito procuram emprestar prestígio filosófico a essas práticas redistributivas. A aparente abstração dessas teorias – sua pretensão de transcender a circunstância histórica a que se aplicam – oculta sua rendição às limitações do compromisso do século XX, do qual nasceu a social-democracia.

A outra espécie de humanização é o entendimento da legislação como um repositório de princípios impessoais de direito tanto quanto de políticas dirigidas ao interesse público. Ressaltando a melhor face da lei – a face das concepções ideais –, espera-se diminuir a influência de interesses privilegiados e defender os grupos de menor representatividade na política legisladora. Os estilos dominantes de jurisprudência teorizam essa idealização da lei como princípio e política.

O efeito prático das tendências humanizadoras é colocar as disciplinas normativas do lado da aceitação do presente arranjo institucional, corrigido por algumas prescrições de melhoria – e não do lado de sua reconstrução. É nos negar os recursos com os quais podemos desenvolver a imaginação prática de alternativas.

Nas humanidades, as tendências escapistas mantêm o controle. Sua principal característica é o incitamento a aventuras numa consciência desconectada da reforma prática da sociedade. A fatídica separação dos caminhos do modernismo e do esquerdismo, na cultura moderna, é o antecedente imediato desse divórcio. Sob a égide da desconexão entre nossos projetos para a sociedade e nossos projetos para o indivíduo, privatizamos o sublime,

O que a esquerda deve propor

relegando, ao espaço interior da consciência e do desejo, nossos projetos transformadores mais ambiciosos – ficando a política com o domínio de modestas decências e eficiências.

A mensagem secreta era que a política deveria se tornar pequena para que os indivíduos se fizessem grandes. A política, no entanto, não pode se tornar pequena sem, como consequência, apequenar o indivíduo. O desejo é por natureza relacional; o forte impulso procura expressão em formas de vida comum. Se a política se torna fria, a consciência também se tornará, a menos que preserve seu calor na forma autodestrutiva do narcisismo.

Os campeões das tendências racionalizadora, humanizadora e escapista, que dominam as ciências sociais e as humanidades, pensam-se como adversários. Na verdade, são aliados no trabalho de desarmar a imaginação transformadora.

A esquerda está perdendo um agente: um eleitorado típico, de cujos interesses e aspirações ela pode reivindicar a representação. Seu eleitorado tradicional era a força de trabalho organizada, coagida na indústria de capital intensivo – o "proletariado" de Marx. Esse grupo é cada vez mais visto pela sociedade, e cada vez mais passou a ver a si mesmo, como mais um grupo de interesses egoístas e setoriais – e não como portador de interesses universais da sociedade. Em quase todos os países do mundo, é um contingente populacional em queda, com seu destino ligado à perspectiva declinante da tradicional produção em massa. Na maioria dos países desenvolvidos, continua sendo um grupo relativamente privilegiado.

Para os líderes da esquerda, parece haver apenas uma alternativa à preservação de uma conexão especial com esse eleitorado pesado e incômodo: abandonar qualquer base social definida e simplesmente se dirigir ao conjunto dos votantes. Eles têm fracassado em resgatar, da lealdade mais estreita que a doutrina herdada sanciona, a ideia de uma relação especial com a classe trabalhadora. Nesse fracasso, foram encorajados tanto pela desilusão quanto pelo cálculo: a crença numa relação dual entre projetos históricos e interesses de grupo pertence à tradição desacreditada do pensamento determinista.

A desorientação da esquerda

Carente de alternativa, ideia de mundo e base social, a esquerda carece também de uma crise. Contrariando outro dogma do pensamento clássico, a mudança social, na história moderna, tem sido conduzida mais por traumas externos de guerra e colapso econômico do que pelas contradições internas de sociedades contemporâneas. As instituições políticas e econômicas dessas sociedades mantêm uma longa distância entre nossas ordinárias atividades contexto-preservacionistas e nossas extraordinárias atividades contexto-transformadoras. Continuam, portanto, a deixar a transformação a reboque da calamidade. O conjunto institucional e ideológico que hoje define a social-democracia foi, ele mesmo, forjado na bigorna do colapso econômico dos anos 1930 e da subsequente guerra mundial.

Crises elevam a temperatura da política e ajudam a derreter definições congeladas de interesse e identidade. Sem crise, a política se faz fria e o cálculo – na forma da fé em compreensões tradicionais de interesses e ideais – reina supremo. Privada da ajuda da crise, a esquerda parece condenada a um compasso de espera: amaciar as consequências sociais do programa de seus adversários conservadores.

CAPÍTULO 3
A REORIENTAÇÃO DA ESQUERDA

No entanto, existe uma alternativa. Existe um conjunto de ideias a partir do qual podemos imaginar essa alternativa. Existem forças sociais reais que podem constituir suas bases eleitorais. Existe um modo de prescindir da crise como condição de possibilidade da mudança. E de agarrar as oportunidades de transformação que a nossa circunstância nos oferece.

A marca distintiva da alternativa é ancorar a inclusão social e o fortalecimento do indivíduo nas instituições da vida política, econômica e social. Não é suficiente humanizar o mundo social – é necessário transformá-lo. Isso significa, mais uma vez, engajamento no esforço para redesenhar a produção e a política; engajamento do qual a social-democracia se afastou quando se estabeleceu o compromisso de meados do século passado, que definiu seu horizonte presente. Significa tomar as formas institucionais familiares da economia de mercado, da democracia representativa e da sociedade civil livre como subconjunto de um conjunto muito mais amplo de possibilidades institucionais. Significa rejeitar o contraste entre orientação de mercado e direção governamental como eixo organizador de nossas disputas ideológicas – e substituí-lo pelo contraste entre modos de organizar o pluralismo econômico, político e social. Significa enraizar uma predisposição para maior igualdade e inclusão na lógica organizada do crescimento econômico e da inovação tecnológica – não na redistribuição retrospectiva via tributação e transferência. Significa democratizar a economia de mercado inovando

O que a esquerda deve propor

o arranjo que a define, mais do que meramente regulamentá-la em sua forma presente ou compensar suas desigualdades por meio de transferências posteriores. Significa radicalizar a lógica experimental do mercado pela radicalização da lógica econômica de livre recombinação dos fatores de produção, dentro de uma indisputável moldura de transações mercadológicas. A meta é uma liberdade mais profunda para renovar e recombinar os arranjos que compõem o conjunto institucional de produção e troca, permitindo que regimes alternativos de propriedade e contrato coexistam experimentalmente dentro de uma mesma economia. Significa tomar, como objetivo principal da política social, o incremento da competência.

Tal incremento progrediria graças a uma forma de educação endereçada mais ao desenvolvimento de capacidades conceituais e práticas genéricas do que ao domínio de técnicas de trabalho específicas. E avançaria por meio da generalização de um princípio de herança social, assegurando a cada indivíduo um suporte básico de recursos, que ele pudesse ir retirando em momentos decisivos de sua vida. Significa avançar essa democratização da economia de mercado no contexto de uma organização prática da solidariedade social e de um aprofundamento da democracia política. Significa nunca reduzir solidariedade social a meras transferências financeiras. Ao contrário, a solidariedade social deve estar assentada na única base segura que pode ter responsabilidade direta das pessoas umas pelas outras. Tal responsabilidade pode se realizar tanto por meio do princípio de que cada adulto são ocupe uma posição dentro da economia solidária – a parte da economia na qual as pessoas cuidam umas das outras – quanto dentro do sistema produtivo. Significa estabelecer as instituições de uma política democrática de alta energia que: eleve permanentemente o nível de participação popular organizada na política; engaje eleitorado e partidos na rápida e decisiva resolução de impasses entre os ramos políticos de governo; equipe o governo para resgatar pessoas de situações defensivas e localizadas de desvantagem, das quais não podem sair pelas vias normais da iniciativa política e econômica; permita a setores ou localidades fazer opções fora do regime legal geral e desenvolver imagens divergentes do futuro social; combine traços de democracia direta e representativa.

A reorientação da esquerda

O impulso que guia esse esquerdismo não é a reparação redistributiva da desigualdade e da exclusão. É o aumento dos poderes e a ampliação das oportunidades de homens e mulheres comuns, com base na gradual, mas cumulativa, reorganização do Estado e da economia. Seu lema não é a humanização da sociedade. É a divinização da humanidade. Seu pensamento mais íntimo é que o futuro pertence à força política que representar, com maior veracidade, a causa da imaginação construtiva: o poder de cada um partilhar a criação permanente do novo.

A esquerda só pode cumprir sua tarefa se aprender a repensar e a reconstruir as instituições que hoje definem a economia de mercado e a democracia política. Instituições às quais a social-democracia sempre renunciou. Para isso, deve a esquerda romper de vez com o dirigismo estatal. Ao romper com ele, deve também recusar-se a aceitar o mercado e a democracia como eles se apresentam agora. Deve entendê-los e organizá-los de outra forma. Este livro propõe a concepção do objetivo e um caminho para chegar lá.

A necessidade de adaptar seu desenho a circunstâncias nacionais muito diferentes não nega o amplo alcance de sua pertinência e interesse. A própria aplicabilidade geral de tais planos ajuda a explicar tanto a possibilidade quanto a necessidade de uma heresia universalizante capaz de se opor à ortodoxia universalizante agora oferecida ao mundo, em nome dos mercados e da globalização.

Sua generalidade tem uma raiz tríplice. A primeira raiz é a similaridade de experiência das sociedades contemporâneas, depois de muitas gerações de rivalidade, emulação e imitação, prática e espiritual, entre nações e Estados. A segunda raiz é o próprio caráter restrito da caixa de ferramentas que temos à mão para construir alternativas. A terceira raiz é a irresistível autoridade que um simples conjunto de crenças revolucionárias desfruta hoje no mundo: crenças que prometem a libertação não só da submissão, mas também da pobreza e do trabalho escravizante, e uma vida melhor para homens e mulheres comuns.

Cinco ideias institucionais definem o rumo que a esquerda deveria seguir e simbolizar hoje.

O que a esquerda deve propor

A primeira ideia institucional é que a rebelião nacional contra a ortodoxia política e econômica global depende, para seu sucesso, de certas condições práticas. Essas condições incluem níveis mais altos de poupança doméstica do que um entendimento estreito da dinâmica do crescimento econômico pode justificar; uma insistência em encontrar arranjos que estreitem a relação entre poupança e produção tanto dentro quanto fora dos mercados de capital tal como eles estão agora organizados (uma insistência embasada no reconhecimento de que essa relação é variável e sensível a seu marco institucional); uma preferência por praticar alta arrecadação tributária e disposição para alcançá-la, mesmo ao custo de uma tributação regressiva, orientada para transações de consumo. A meta maior é a completa mobilização dos recursos nacionais: uma economia de guerra sem uma guerra.

A segunda ideia institucional é a visão da política social enquanto fortalecimento e capacitação. Dessa ideia nasce o comprometimento com uma forma de educação inicial e vitalícia, dirigida ao desenvolvimento de um núcleo de habilidades práticas e conceituais genéricas. Em sociedades muito desiguais, não é suficiente garantir níveis básicos de qualidade e investimento educacional; é vital assegurar oportunidade especial ao jovem talentoso, realmente trabalhador e proveniente de classe menos favorecida. O objetivo inicial desse uso da educação como antídoto à incapacitação é alargar a síntese atual de classe e meritocracia. A meta seguinte é dissolver a classe por meio da radicalização da meritocracia. A ambição última é subordinar a meritocracia a uma visão mais larga de oportunidade e solidariedade inclusivas, afirmando-se diante das intratáveis disparidades do talento inato.

A terceira ideia institucional é a democratização da economia de mercado. Não é suficiente regulamentar o mercado ou compensar retrospectivamente as desigualdades que ele produz. É necessário reorganizá-lo da melhor forma, para torná-lo real, de mais modos, para mais gente. Para esse fim, não parecem adequados nem o modelo regulatório americano nem o modelo asiático de formulação centralizada, por meio de um aparato burocrático, da política de indústria e comércio. A tarefa será usar o poder do Estado não

A reorientação da esquerda

para suprimir ou contrabalançar o mercado, mas para criar as condições que possibilitem a organização de mais mercados, em modos diversos – enfim, com regimes distintos de propriedade e contrato –, capazes de coexistir experimentalmente dentro da mesma economia nacional e global.

A democratização do mercado requer iniciativas que ampliem o acesso a oportunidades e recursos produtivos. Demanda curva ascendente nos ganhos dos trabalhadores. E é incompatível com qualquer estratégia de crescimento econômico baseada numa divisão salarial vinculada à renda nacional em declínio.

O propósito é produzir uma série de rupturas nos entraves ao crescimento econômico. Cada ruptura produz um desequilíbrio que convida a novas rupturas em outros aspectos da oferta ou da procura. A preferência é por rupturas e desequilíbrios que tenham construído, em si, um viés para a inclusão econômica e a difusão de capacidades, que ajudam as pessoas a crescer.

As intervenções progressistas nos constrangimentos à oferta movem-se numa escala entre a menor e a maior ambição. A menor ambição é expandir o acesso a crédito, tecnologia, *expertise* e mercados, em favor, especialmente, de pequenos (e candidatos a pequenos) empreendedores que representam, em toda a economia contemporânea, uma fonte de iniciativa construtiva vastamente subutilizada.

A ambição maior é a propagação dos mais avançados métodos de produção para além dos terrenos favorecidos em que tais métodos usualmente florescem. O governo e a sociedade devem trabalhar para democratizar a economia de mercado de modo a enfrentar os perigos e explorar as oportunidades apresentadas por qualquer mudança relevante na organização da produção. Deverá a forma de produção caracterizada pelo enfraquecimento do contraste entre supervisão e execução, pela atenuação das barreiras entre papéis especializados no trabalho e por equipes de trabalho como espaços de aprendizagem coletiva e inovação ficar confinada a uma vanguarda privilegiada, em comunhão com vanguardas semelhantes no mundo, mas apenas fracamente vinculada à própria sociedade? Ou governos e sociedades saberão criar as condições para a expansão dessas avançadas práticas

O que a esquerda deve propor

experimentais no mundo econômico e social, aumentando assim, enorme-
mente, os poderes e as oportunidades de homens e mulheres comuns?

As intervenções progressistas no campo da oferta devem ser acompanhadas por iniciativas que revertam o longo declínio na participação do trabalho
na renda nacional e o aumento da desigualdade no âmbito da própria força
de trabalho, que têm acossado a economia contemporânea de países ricos e
em desenvolvimento. Ao atuar assim, devemos também reforçar as intervenções no setor da oferta, no sentido de resgatar, do crepúsculo da economia
informal ou ilegal, milhões de trabalhadores – com frequência, a maior parte
da força de trabalho em alguns dos países mais populosos do mundo –, hoje
privados de atividades legalmente remuneradas.

Tais medidas deverão levar em consideração o que se mostrar mais efetivo em diferentes níveis das forças nacionais de trabalho desigualmente pagas
e equipadas, que existem hoje no mundo. A divisão de lucros, por exemplo,
pode começar a ser aplicada a trabalhadores mais avançados e, então, se
estender a segmentos cada vez maiores da população economicamente ativa.
Um direito trabalhista que fortaleça o direito dos trabalhadores organizados
para representar os não organizados, em seus setores, pode se mostrar mais
eficaz no estrato médio da hierarquia salarial. Nos níveis mais baixos dessa
hierarquia, a melhor solução pode estar em subsídios diretos para emprego
e treinamento de trabalhadores de baixa remuneração e qualificação, com a
desoneração da folha salarial.

Nenhuma dessas iniciativas é, em si mesma, inflacionária. Em conjunto –
e no contexto do projeto de fortalecimento e alargamento da democracia, do
qual fazem parte –, elas prometem uma ampliação de direitos e poderes dos
trabalhadores, assim como aumentos salariais sustentáveis, em direção a – e
para a superação das – fronteiras dos avanços na produtividade do trabalho.

A quarta ideia institucional é a recusa em tratar transferências mone-
tárias como base suficiente para a solidariedade social. A solidariedade
social deve estar enraizada, também, na responsabilidade universal pelos
outros. Em princípio, todo aquele que é física e mentalmente são deve ter,
ao lado de seu trabalho ordinário e de suas obrigações familiares, um outro

A reorientação da esquerda

emprego ou ofício que o obrigue a zelar pelo próximo. A sociedade civil deve ser organizada ou se organizar fora dos trilhos do governo e do mercado, de modo a cumprir sua responsabilidade. Uma espécie de direito social distinto dos direitos público ou privado pode propiciar meios e modos para que isso aconteça.

A quinta ideia institucional é a concepção de política democrática de alta energia. O fortalecimento educacional e econômico do trabalhador individual e do cidadão, a democratização da economia de mercado e a fundação da solidariedade social na responsabilidade social prática requerem um aprofundamento da democracia, para que se sustentem e cheguem ao âmago.

Uma democracia sonolenta, despertada de tempos em tempos por alguma crise militar ou econômica, nunca será boa o bastante.

A política democrática de alta energia – ou altamente energizada – é tanto a expressão da liberdade maior que o programa da esquerda procura quanto a condição para o avanço dos quatro temas antes mencionados. Ela requer uma elevação sustentada e organizada do nível de engajamento civil. Uma escolha de arranjos constitucionais que rompam, com rapidez, a paralisia entre os ramos político-decisórios de governo (quando o regime é de separação de poderes) e envolvam o eleitorado geral nessa ruptura de impasses. Inovações que reconciliem a possibilidade de escolhas decisivas de política nacional com desvios e dissensões experimentais de longo alcance – acenos ao futuro – em lugares ou setores particulares do território ou da economia nacional. Uma determinação para resgatar pessoas – por meio de garantias de herança social ou renda mínima, assim como de intervenção corretiva por um ramo do governo especialmente designado e equipado para tal fim – de circunstâncias de desvantagem ou exclusão, das quais elas não têm como escapar sem auxílio. E avanço contínuo no esforço de combinar traços de democracia representativa e democracia direta.

Uma democracia de alta energia não pretende substituir o mundo real de interesses (e de indivíduos portadores de interesses) por um cidadão incorpóreo e pelo teatro onívoro da vida pública. Não se trata de um voo na fantasia e no purismo republicanos. Ela quer fortalecer nossos poderes comuns,

O que a esquerda deve propor

alargar o raio de nossas simpatias e ambições ordinárias e tornar mais intensa nossa experiência das coisas do mundo. E quer fazer isso diminuindo a distância entre os movimentos ordinários que nos são permitidos em contextos ideológicos e institucionais definidos e as iniciativas extraordinárias pelas quais podemos desafiar e mudar peças desses contextos. Seus agentes e beneficiários são um e o mesmo: o frágil indivíduo autocentrado ambicioso, em sua carne, vítima de uma circunstância e incapaz de ser, completa e definitivamente, confinado por qualquer circunstância.

A construção imaginativa de alternativa informada por esses cinco compromissos temáticos exige, para seu embasamento, um conjunto de ideias. Podemos encontrar essas ideias nos termos da filosofia ou da teoria social sistemática. No entanto, podemos mais frequentemente, e com mais confiança, desenvolvê-las pela revisão de nossas práticas de explicação e argumentação. O ponto central é resgatar as concepções de alternativas estruturais e descontinuidade estrutural da bagagem dos preconceitos deterministas, que sobrecarregaram a teoria social clássica – e, ao mesmo tempo, repudiar a aliança de racionalização, humanização e escapismo, vigente no pensamento contemporâneo.

A história das ideias sociais modernas nos confundiram na associação de mudanças parcelares com a descrença na reconstrução institucional e com uma implicação dessa reconstrução na crença em uma súbita mudança sistêmica. A mais importante expressão desse preconceito é o contraste supostamente excludente entre duas formas de política. Uma seria o estilo revolucionário: aquele que busca a substituição total de uma ordem institucional por outra, sob a direção de líderes em confronto, apoiados por maiorias energizadas, numa circunstância de crise nacional. A outra forma seria a reformista, preocupada com redistribuições marginais ou concessões a ansiedades morais e religiosas, negociadas por políticos profissionais movendo-se entre interesses organizados, em tempos de rotina.

Precisamos agora mesclar essas categorias, associando mudanças fragmentárias e graduais – mas, ainda assim, cumulativas – com ambição transformadora. Para mesclá-las na prática, é necessário, primeiro, misturá-las

A reorientação da esquerda

em pensamento. A expressão mais notável dessa mescla está em um tipo de política que, desafiando o contraste entre revolução e reforma, exemplifica, na prática, a reforma revolucionária. Essa política pratica a mudança estrutural da única forma que tal mudança pode ser conduzida: peça por peça, degrau por degrau. Combina-se a negociação entre minorias organizadas e a mobilização de maiorias desorganizadas. E se dispensa a calamidade como condição propiciadora da mudança. É algo que deve ser preparado e informado pelo entendimento e uso da política econômica e das análises legais, como variante da imaginação institucional.

Que forças sociais reais podem ocupar o vazio deixado pela força de trabalho organizada como o âmago do eleitorado da esquerda? Um projeto como este requer protagonistas, mas não os mesmos que estrelaram as narrativas tradicionais da esquerda. Não apenas as identidades dos agentes serão outras, como outro será o sentido em que serão agentes. A relação entre agência e projeto deverá mudar, considerando os dois agentes mais importantes – a classe trabalhadora e o Estado-nação.

A classe trabalhadora não poderá ser confundida com o proletariado industrial, a força de trabalho sindicalizada em seus empregos na indústria de capital intensivo. Em cada país do mundo, a vasta maioria daqueles que precisam trabalhar por um salário tem de fazer isso fora dos limites da indústria de capital intensivo – em lojas subcapitalizadas e serviços desequipados, frequentemente na sombra da ilegalidade, sem direitos e com poucas esperanças. Seus olhos, no entanto, olham para o alto; para aqueles que, por todo o mundo, estão desenvolvendo uma nova cultura de autoajuda e iniciativa. Sua perspectiva, tanto nos países mais pobres como nos mais ricos, é mais pequeno-burguesa do que proletária. Sua ambição mais firme é combinar uma medida de prosperidade com alguma independência, incluindo o desejo de desenvolver a subjetividade, ter uma vida plena de consciência, encontro e luta, como as personagens de um filme. Por negligência, dada a pobreza de arranjos alternativos para a organização da vida econômica, tais aspirações costumam ser identificadas com pequenos negócios familiares, tradicionais e isolados.

O que a esquerda deve propor

O Estado-nação não será sempre o que é hoje, o protagonista preeminente da história – o espaço privilegiado para o desenvolvimento de diferenças e a condução de disputas coletivas. O Estado-nação quer ser diferente, mas não sabe como. Sua população quer ver imagens características de associações possíveis e desejáveis, encarnadas em práticas e instituições nacionais distintas.

A nação é uma forma de especialização moral da humanidade, justificada, num mundo de democracias, pela crença de que a humanidade só pode desenvolver seu potencial e seus poderes em direções divergentes. Ao olhar apenas para a preservação da diferença herdada, uma nação logo se verá dilacerada pelo conflito entre o desejo de manter o modo de vida herdado e a necessidade de imitar: imitar outras nações que obtêm maior sucesso e sobrevivem na disputa mundial entre os Estados. No fim, a habilidade coletiva para criar outras diferenças conta mais do que a capacidade coletiva para prolongar a vida da velha diferença.

As formas de organização social, política e econômica encontradas hoje no mundo são um instrumento muito limitado para o desenvolvimento da originalidade coletiva. Não basta se ajoelhar diante da diferença coletiva estabelecida; é necessário aprofundar a diferença coletiva existente pela radicalização da lógica institucional da experimentação política e econômica.

Trabalhadores e nações que querem abrir e seguir os próprios caminhos são as forças principais que as propostas da esquerda devem representar. No entanto, o sentido da relação entre seus interesses e essas propostas é radicalmente diferente do sentido que a teoria marxista confere aos interesses de classe. De acordo com essa teoria, quanto mais amplo o escopo e mais aguda a intensidade dos conflitos classistas, menos razão há para a dúvida ou a discussão do conteúdo objetivo dos interesses de classe em jogo. A luta rasgará as máscaras; e a derrota política irá propiciar a correção salutar de qualquer equívoco.

A verdade sobre interesses e projetos é, no entanto, justo o oposto do que esse quadro implica. Interesses de nações ou classes parecem ter um conteúdo mais claro quando o conflito é cozinhado em banho-maria – e não quando explode. Quando a luta se amplia e se intensifica, contudo, essa aparência

A reorientação da esquerda

de naturalidade se dissipa. A questão – quais são meus interesses enquanto membro dessa classe ou dessa nação – é inseparável de outra: em que direções diferentes esse mundo poderia ser alterado – e como minha identidade e meus interesses mudariam em cada um desses mundos modificados? A ideia de que interesses de grupo possuem conteúdo direto e objetivo não é mais que uma ilusão, cujo apelo depende da contenção ou interrupção do conflito prático e visionário.

Como partido da transformação, a esquerda deve converter em oportunidade a ambiguidade do conteúdo dos interesses de grupo. Ela deve agir a partir do entendimento de que há sempre dois caminhos para definir e defender qualquer interesse de grupo. Um caminho é institucionalmente conservador e socialmente excludente: toma-se o presente nicho do grupo, na economia e na sociedade, como um destino; e definem-se os grupos mais próximos, no espaço social, como rivais. O outro caminho é socialmente solidário e institucionalmente transformador: trata os grupos vizinhos no espaço social como aliados atuais ou potenciais – e patrocina reformas para fazer dessas alianças efêmeras combinações duradouras de interesses e identidades. A esquerda deve preferir sempre abordagens solidárias e reconstrutoras, tomando-as como o lado reverso de suas propostas programáticas para o conjunto da sociedade.

O que tal viés implica, para a defesa dos interesses da classe trabalhadora, pode ficar bastante claro – negativamente e em geral, mas também afirmativamente e em particular. A posição é incompatível com qualquer insistência em entrincheirar a força de trabalho organizada na cidadela sempre menor da produção tradicional em massa. O que se requer é o uso ativo dos poderes do governo para disseminar, com o avanço da economia, práticas produtivas experimentais.

Mas o que tal viés, voltado para abordagens solidárias e reconstrutoras, implica para a definição e a defesa dos interesses de toda uma nação? Significa que uma nação deve colocar no alto de sua lista de preocupações a mobilização de recursos nacionais – níveis de poupança e excedentes fiscais –, que a tornem capaz de resistir e de se rebelar. Significa o entendimento de

O que a esquerda deve propor

que a heresia nacional depende fundamentalmente, para seu avanço, do pluralismo global. Que ela se recusa a aceitar a visão de que a globalização, como a economia de mercado, tem que ser aceita ou rejeitada tal como se apresenta agora – e tudo que podemos fazer é ter mais ou menos globalização em seus próprios termos, não em termos diversos. E que opera junto com outros poderes, partilhando a mesma visão para reformar os arranjos econômicos globais e redesenhar as realidades políticas do mundo. Esses arranjos e realidades hoje sacrificam o pluralismo experimental ao dogma único e ao poder imperial.

A esquerda sente falta de uma crise. Parte de seu objetivo programático deve ser moldar instituições e práticas – intelectuais e sociais – que reduzam a dependência em que a mudança vive da calamidade e promover a transformação interna da vida social. O que a teoria social clássica tomou erroneamente como traço da experiência histórica – a existência intrínseca de uma dinâmica inerente de transformação – é, na verdade, uma meta. Uma meta que vale por si mesma, pois expressa um domínio sobre o contexto de um agente que pode participar plenamente do mundo, sem abrir mão de seus poderes de resistência e transcendência. Ela deve ser também valorizada por sua conexão causal com dois conjuntos de condições, cuja reconciliação deve estar sempre no centro de um programa de esquerda: o progresso prático da sociedade por meio do crescimento econômico e da inovação tecnológica e a emancipação do indivíduo do entrincheiramento da divisão social e da hierarquia.

Não podemos mais assumir – como os liberais e socialistas do século XIX supuseram, sob o feitiço de um dogma hoje desacreditado – que as condições institucionais do progresso material apresentam uma convergência, natural e necessariamente, com as exigências institucionais para que os indivíduos se emancipem da hierarquia e da divisão social bem estabelecidas. No entanto, também nos enganaríamos ao supor que esses dois conjuntos de condições sejam inevitavelmente conflitantes. A esquerda deve lutar para identificar a zona onde ambos possam ser levados a uma interseção – e deve tentar mover a sociedade em direção a essa zona.

A reorientação da esquerda

Uma característica da zona de interseção é que, nela, práticas possuem elevada suscetibilidade de serem revistas: ao exibir uma grande abertura à revisão, tornam-se menos parecidas com objetos naturais – e mais parecidas conosco. Elas facilitam o engajamento nas recombinações de pessoas e recursos, vitais para o progresso prático. E submetem a intenso escrutínio e pressão os arranjos de que dependem todas as hierarquias estáveis de privilégio.

Há, no entanto, um paradoxo obstruindo o esforço para estabelecer instituições livres da dependência da crise para gerar a mudança. Em primeiro lugar, como as inovações podem emergir sem ajuda da crise? Como a esquerda pode romper o inadmitido círculo vicioso dessa fé na calamidade, nas circunstâncias reais do presente?

A resposta está em encontrar a crise disfarçada, não nas grandes catástrofes coletivas da guerra e da ruína econômica, mas nas tragédias obscuras da angústia, do medo, da insegurança e da incapacidade individuais, que se repetem milhões e milhões de vezes na vida da sociedade contemporânea. Mesmo nos países mais ricos do mundo, hoje, a maioria dos trabalhadores se sente – e está – em perigo. Eles podem ser protegidos contra os extremos da pobreza e do abandono. Permanecem, porém, excluídos dos setores mais favorecidos da economia, nos quais a renda, a riqueza, o poder e a diversão se encontram crescentemente concentrados.

Se não estão desempregados, temem perder o emprego. Se moram num país – por exemplo, uma social-democracia europeia – com um contrato social bem desenvolvido, têm boas razões para temer uma quebra do contrato – não de uma vez, mas de forma gradual, sempre em nome da necessidade econômica, descrita como competição e globalização. E se moram em algum outro lugar – especialmente nos grandes países em desenvolvimento – não encontram uma força política disposta e preparada para dar seguridade econômica e maior oportunidade econômica e social.

Quase todo mundo se sente abandonado. Quase todos se sentem do lado de fora, olhando por uma janela a festa que ocorre do lado de dentro. Flexibilidade – a senha da ortodoxia de mercados e da globalização – é corretamente entendida como uma palavra-código para a generalização da insegurança.

O que a esquerda deve propor

Os partidos que reivindicam uma conexão histórica com a esquerda oscilam entre a colaboração envergonhada com o programa de insegurança – na esperança de que, por meio do crescimento econômico, serão gerados recursos que podem redirecionar o gasto social – e uma defesa fraca e ambivalente dos contratos sociais tradicionais.

O medo, justificado por fatos reais, derrotando a esperança, envenenando atitudes para com os excluídos e expressando imenso e desperdiçado gasto de energia tem a importância de uma crise. Ela é vivida – em grande parte silenciosamente – na mente dos indivíduos. Encontra expressão perversa no apoio ocasional a partidos nacionalistas e populistas de direita. Este é o problema. Mas para a esquerda é, também, uma chance.

A forma conhecida e inacreditável dessa crise é um refrão: precisamos criar empregos! As pessoas, porém, entendem ou logo descobrem que governos não podem criar empregos diretamente, a não ser no serviço público ou na anacrônica e limitada mobilização de trabalho forçado – frentes de trabalho recrutadas e pagas numa emergência nacional. No entanto, a promessa vã de criar empregos é a forma equivocada de uma resposta indispensável à crise oculta: um avanço que seja produtivista e democratizante; que ancore o compromisso social na recuperação, inovação e reconstrução econômicas; e que avance os projetos econômicos e sociais, desenhando e construindo instituições de uma política democrática de alta energia. Deveremos humanizar somente à medida que possamos energizar – este será o princípio prático dessa esquerda.

CAPÍTULO 4
UM AGENTE: TRABALHADORES QUE QUEREM SER PEQUENO-BURGUESES

Todos os países do mundo, à exceção dos mais pobres, continuam a se organizar, hoje, como sociedades de classes. O marxismo está morto como doutrina. O socialismo, como programa, pode ter perdido seu significado como alternativa para o que existe agora – algo que ex-socialistas e ex-marxistas ainda insistem em chamar de "capitalismo", como se se tratasse de um sistema indivisível, com suas leis distintivas de conservação e mudança. A classe, contudo, sobrevive. Persiste na organização hierárquica da vida social em grupos de pessoas com níveis muito desiguais de acesso aos poderes econômico, político e cultural e com formas características de consciência e vida.

Seu caráter especial é agora determinado pela interação entre os dois princípios contrastantes que a modelam: herança e meritocracia. A transmissão hereditária de vantagens econômicas e educacionais, por meio da família, continua a reduzir drasticamente a mobilidade entre gerações, mesmo nas mais fluidas e igualitárias sociedades contemporâneas. Por isso mesmo, a simples abolição do direito de herança (incluindo herança antecipada por meio da família), exceto por um modesto mínimo familiar, corresponderia, em todos os lugares, a uma revolução. A competição meritocrática tem modificado o funcionamento do privilégio herdado, produzindo oportunidades seletivas, mas crescentes, para os mais talentosos e enérgicos ascenderem socialmente, via promoções em escolas e empresas.

O que a esquerda deve propor

Os dois princípios de classe e meritocracia – teoricamente contraditórios – coexistem de forma incômoda, mas pacífica. Sua oposição mútua é enfraquecida pela rigidez do que se coloca em jogo e pela estreiteza do arco de alternativas, na política e na vida nacionais, na maioria dos países. Os novos-ricos ambiciosos são logo acomodados e assimilados – e, com frequência, tornam-se os maiores entusiastas dos dogmas e interesses reinantes. A tensão entre os dois princípios é atenuada igualmente por fatos que a ortodoxia reinante não expressa: a primazia que os sistemas de educação e exame das sociedades contemporâneas dão a um pequeno conjunto de habilidades analíticas e a extensão em que a facilidade para tais habilidades pode, ela mesma, ser parcialmente herdada.

Nos países menos desiguais, invejados por outras nações, os mais privilegiados se resignaram a ver alguns de seus filhos descerem na hierarquia de classe e alguns filhos de outras classes subirem. Eles sabem que em geral terão êxito em reconciliar herança e meritocracia. Secretamente esperam transformar privilégios de classe contestados em um conjunto de vantagens herdadas em comum, mas não universalmente. Essas vantagens parecem estar enraizadas não só na incontornável divisão do trabalho, como também nas inevitáveis diferenças entre indivíduos.

O resultado mais comum dessa coexistência de classe e meritocracia, em todo o mundo, é um sistema de quatro classes principais, que projeta sombras sobre chances individuais, minando as promessas da democracia. No alto, está uma classe de profissionais, gerentes e rentistas que concentram nas mãos riqueza e discrição – o poder de fazer o que querem, tanto para si quanto comandando outros – mais até do que concentram renda. Abaixo, está uma pequena classe de empreendedores, que aposta no esforço próprio, frequentemente por meio da mobilização do trabalho familiar. É seguida por uma classe de trabalhadores de colarinho-branco e colarinho-azul que – trabalhando por salário em empregos especializados, sob o comando de outros – tenta trocar as frustrações do trabalho, raramente valorizado em si mesmo, pelos consolos da vida doméstica e do entretenimento popular. (Nos Estados Unidos, trabalhadores com identidades burguesas referem-se a si mesmos

Um agente: trabalhadores que querem ser pequeno-burgueses

como "classe média", exemplo seguido por uma fatia crescente da população mundial, ao tempo que a importância relativa das grandes organizações, na vida econômica, não para de encolher.) Eles são educados em escolas que têm como preocupação principal a aquisição de hábitos de obediência. Na base do sistema de classe está uma subclasse, largamente composta por minorias raciais e estrangeiros, trabalhadores temporários, condenados a instáveis empreitadas de prazo fixo, nas sombras para além da lei e do direito. Em muitos países em desenvolvimento, incluindo os mais populosos, essa subclasse representa a maior parte da população. Ela sofre de insegurança e privação, às vezes sem o estigma de pertencer a uma raça, casta ou nação desprezada.

Um dos traços mais marcantes desse sistema de classe, tal como agora se configura nos países mais ricos, é que a classe trabalhadora, a dos pequenos empresários e mesmo os soldados rasos da classe de profissionais, gerentes e rentistas são, ao mesmo tempo, protegidos contra a destituição e excluídos do poder. Excluídos não apenas no sentido da influência sobre o governo, mas também por não terem nada de significativo a dizer sobre suas perspectivas e experiências cotidianas de trabalho. Eles com frequência se sentem prisioneiros – acordando certo dia para descobrir que estão levando o único tipo de vida que poderiam levar – e, em grande parte, estão mesmo aprisionados.

A promessa central da democracia é que homens e mulheres comuns terão uma oportunidade para se tornar maiores e mais livres. Pelo padrão dessa promessa, o mal causado pelo sistema de classe não está meramente no fracasso em alcançar maior igualdade de oportunidades. Mas também no abandono da humanidade comum a um perpétuo apequenamento. Já faz um longo tempo que grandes massas de pessoas foram resgatadas dessa diminuição pelas terríveis devoções da guerra.

Contra esse pano de fundo, emerge um signo de esperança. Em muitos países em desenvolvimento, pessoas aspiram a uma prosperidade modesta e à independência. Elas se devotam a uma cultura de iniciativa e autoajuda: estudando à noite, na esperança de se aprimorar e abrir um negócio, elas, por falta de outros caminhos para realizar suas ambições, gravitam com

O que a esquerda deve propor

frequência em torno da ideia de um pequeno negócio familiar. A significância dessa aspiração é, no entanto, ampliada pelo anseio moral que a acompanha regularmente: o desejo de ter uma vida melhor, inspirada não apenas nos prazeres materiais anunciados pelos comerciais de tevê, mas também nas aventuras morais narradas nas novelas da televisão. Todo mundo quer reviver, à sua maneira, a provação central do romance europeu dos séculos XIX e XX: uma pessoa fazendo-se a si mesma num contexto adverso.

Nos países ricos, o apelo à ambição de abrir um pequeno negócio pode ser menos forte, porque ele é mais claramente identificado com uma classe distinta e suas oportunidades limitadas. No entanto, isso se enfraquece apenas porque a procura por independência e prosperidade modesta – e a vontade de escapar do confinamento e das humilhações de uma vida de trabalho – assume formas mais difusas e desorientadas.

A esquerda não cometeu erro estratégico maior, no curso de sua história nos últimos dois séculos, do que o de eleger a pequena burguesia sua inimiga, ou sua aliada de conveniência, e definir como sua base a classe trabalhadora industrial organizada. Em todos os lugares do mundo, esse segmento da classe trabalhadora é parte decrescente da força de trabalho. Em todo lugar, é visto e passa a se ver como mais um interesse especial entre outros, clamando por proteção e favor. A classe que a esquerda abandonou se converteu na base social de movimentos políticos que a derrotaram. Nós, contemporâneos, somos agora, em grande parte, pequeno-burgueses, por orientação imaginativa ou situação econômica.

O interesse que a esquerda rejeitou, supondo-o casado com a reação egoísta, passou agora a representar aspiração universal. Tanto nos Estados Unidos e na Europa quanto na China e na Índia. Se os progressistas pudessem se encontrar com essa aspiração em termos definidos por eles próprios, fornecendo-lhe um vocabulário mais rico de instituições e práticas do que apenas o pequeno empreendimento isolado, e com um padrão de valor mais alto do que o egoísmo familiar, eles ganhariam o mais poderoso de todos os aliados – e removeriam a maior causa de suas derrotas históricas.

CAPÍTULO 5
UM AGENTE: NAÇÕES QUE QUEREM SER DIFERENTES

O nacionalismo foi uma das mais inesperadas e poderosas forças transformadoras da história moderna. Hoje, tornou-se um desvio perigoso. Reinterpretado e redirecionado, poderia se tornar uma oportunidade para o avanço de alternativas progressistas.

Na experiência humana, identidades coletivas extraíram poder de seu conteúdo. Ser romano, por exemplo, significava viver como os romanos, seguir o caminho de Roma: uma estrutura herdada de costume e sensibilidade.

Desde que os poderes ocidentais avançaram sobre o mundo, procurando submeter o restante da humanidade a seus impérios, interesses e crenças, uma rivalidade até então confinada ao Ocidente se tornou global. Para desenvolver as capacidades econômicas e militares requeridas para a independência nacional – e manter a identidade de cultura –, cada nação teve de abandonar uma boa parte da ideia que tinha herdado de si mesma no altar dessa luta universal – uma luta a um só tempo prática e espiritual. Cada nação teve de pilhar o mundo inteiro, à procura não só das melhores máquinas, mas também das instituições e práticas mais eficientes – as que produziriam maior impulso às capacidades nacionais, com um mínimo possível de ameaça à estrutura de privilégio da sociedade nacional. Esse exercício universal de imitação e recombinação mudou, lenta, mas incansavelmente, a natureza das diferenças nacionais.

O resultado foi esvaziar identidades coletivas, incluindo identidades nacionais, privando-as, passo a passo, das bases de organização própria da

O que a esquerda deve propor

sociedade e de entendimento distinto das possibilidades e dos perigos da vida social. No entanto, o definhamento da diferença atual não enfraqueceu a vontade de diferença. Ao contrário, fez emergir essa vontade. À medida que uma nação se torna mais parecida com sua vizinha, ela afirma ainda mais desesperadamente sua dessemelhança. Essa vontade de diferença é sempre mais venenosa, porque as identidades coletivas que cultua são muito deficientes em detalhes tangíveis. Quando elas foram concretas, foram também suscetíveis à experiência e abertas ao compromisso. Agora que são abstratas, tornam-se objeto de uma fé descompromissada.

Contra esse veneno, existe apenas um antídoto compatível com ideais democráticos e experimentalistas: substituir a raiva estéril e potencialmente assassina dessa frustrada vontade de diferença pela capacidade coletiva de produzir diferenças reais. Assim, um programa que pode contribuir para derrubar a ditadura da falta de alternativas deve não apenas responder à aspiração universal de trabalhadores por mais oportunidades para seu crescimento. Deve também transformar políticas democráticas, economias de mercado e sociedades civis livres em máquinas para o desenvolvimento de novas e distintas formas de vida. Países determinados a fazer avançar esse ideal podem ter de trilhar o mesmo solo institucional – assegurando condições para o sucesso da heresia nacional dentro da economia global, democratizando mercados, aprofundando democracias e fortalecendo os indivíduos. E partilhar o melhor agora, para divergir mais tarde, é um dos muitos aparentes paradoxos da situação presente.

CAPÍTULO 6
UMA OPORTUNIDADE: A NOVA RELAÇÃO ENTRE COOPERAÇÃO E INOVAÇÃO

Uma outra oportunidade para o avanço da alternativa progressista nasce da difusão de um novo conjunto de práticas cooperativas, abertas amistosamente à inovação. Essas práticas estão mudando o caráter da produção e do aprendizado em boa parte do mundo. Estão centradas nas melhores empresas e nas melhores escolas. Sua marca principal é atenuar a tensão que sempre existe entre os dois imperativos mais fundamentais do progresso prático: a necessidade de cooperar e a necessidade de inovar. Será que esses novos modos de produzir e aprender, que tanto prometem fortalecer nossos poderes produtivos, ficarão confinados a certos setores de produção e aprendizado? Ou vão se tornar acessíveis a amplos segmentos da sociedade e a muitos setores da economia? Da resposta a essas perguntas dependem nossas chances de realizar a tão alardeada meta do crescimento econômico socialmente inclusivo.

Reduzido a seus termos mais simples, o crescimento econômico é a consequência de três conjuntos de causas. A curto prazo, um determinante crucial é a relação entre o custo de produzir bens e serviços e os ganhos alcançados com sua produção. A longo prazo, um fator crucial é o desenvolvimento e a aplicação prática do conhecimento. A mais importante espécie desse conhecimento é a que nos permite rotinizar o máximo de trabalho possível, de modo que possamos executar o trabalho rotinizado de acordo com uma fórmula. Qualquer parcela de trabalho condensado numa fórmula permite-nos

O que a esquerda deve propor

incorporá-lo a máquinas, amplificando nossos poderes. Podemos reservar nosso tempo para aquelas atividades que ainda não fomos capazes de reduzir a uma fórmula e incorporar a uma máquina. Deslocamos o horizonte de nossa atenção do que pode para o que ainda não pode ser repetido.

A médio prazo, no entanto, o que mais importa para o crescimento econômico, assim como para outros aspectos do progresso prático, é nossa habilidade para cooperar. A cooperação deve ser articulada de tal forma que seja hospitaleira à inovação – se possível, à inovação permanente –, assentando, assim, a base sobre a qual podemos acelerar a aplicação prática do conhecimento e deslocar o foco do repetível para o ainda não repetível. A cooperação é necessária à prática da inovação – sejam as inovações tecnológicas, organizacionais, sociais ou conceituais. No entanto, cada inovação também ameaça o modo estabelecido de cooperação, afetando o regime de prerrogativas e expectativas no qual a forma cooperativa existente está engastada. Para dar um exemplo simples: se uma nova máquina ameaça dispensar um grupo de trabalhadores, enquanto beneficia outro, a trégua entre o grupo prejudicado e o beneficiado, ou entre eles e seus empregadores, será rompida.

A extensão em que os imperativos de cooperação e inovação interferem um no outro não é, contudo, constante. As práticas cooperativas mais ricas em promessa de progresso prático são as que podem acomodar mais facilmente repetidas inovações. Essas práticas evoluem. Para se firmar e avançar, dependem de certas condições.

Não é bom para os progressistas apresentar suas propostas como piedosas restrições às forças que conduzem o progresso prático. Eles precisam encontrar um modo de ancorar a inclusão social e o fortalecimento individual na organização prática da economia e da sociedade e na lógica social de crescimento e inovação. E não devem repetir o equívoco marxista de acreditar que exigências do progresso prático irão, no fim das contas e necessariamente, abrir caminho para a mudança progressista.

Deveríamos sempre nos perguntar como podemos pegar tais forças e redirecioná-las, ajustando-as a interesses e ideais que as transcendem. Atualmente, esse problema se apresenta a nós de uma forma que mal começamos

Uma oportunidade: a nova relação entre cooperação e inovação

a reconhecer. Um modo de começar a se aproximar dele é colocá-lo, primeiro, no contexto do quebra-cabeça do fracasso e do sucesso das sociedades contemporâneas.

Ao longo do século XX, alguns países se saíram bem com arranjos econômicos tanto orientados para o mercado quanto "dirigistas" ou conduzidos pelo governo. E passaram de um estilo de gerenciamento econômico a outro, quando as circunstâncias exigiram. Nenhum país foi mais devotado à religião do livre mercado – na verdade, a uma versão particular da economia de mercado, erroneamente equiparada à sua natureza essencial – do que os Estados Unidos. No entanto, quando a emergência da Segunda Guerra Mundial o exigiu, o país deixou de lado, sem a menor cerimônia, sua religião do mercado. Em seu lugar, estabeleceu a mobilização forçada dos recursos nacionais, a imposição de impostos marginais – que, no topo, foram quase confiscatórios – e uma autocoordenação tanto entre empresas privadas quanto entre estas e o governo. O resultado foi espetacular. O PIB praticamente dobrou em quatro anos. As circunstâncias da guerra eram certamente excepcionais, mas não o suficiente para produzir as condições que tornaram possível tal reação.

Muitos outros países, no entanto, fizeram uma confusão de soluções "dirigistas" e orientadas para o mercado. Tentaram quase tudo, até onde a organização da economia permitia. E em quase tudo falharam. O contraste entre mercado e comando acompanha o centro do debate ideológico há dois séculos. Como princípio organizador de controvérsia, esse contraste está morto ou morrendo. Mas, bem antes de sua morte, esse modo de configurar contendas ideológicas mereceu resistências em dois campos.

A primeira razão para resistência é o fracasso desse foco tradicional de controvérsia ideológica em reconhecer que economias de mercado – assim como democracias representativas e sociedades civis livres – podem assumir formas institucionais bem diferentes das que vieram a prevalecer no mundo do Atlântico Norte. Permeando as disputas ideológicas familiares sobre quanto espaço se deve dar ao mercado, o debate – pelo menos na radicalidade potencial de seu alcance – é sobre que espécie de economia de mercado deveria ser estabelecida.

O que a esquerda deve propor

A segunda razão para resistência é que a escolha entre mercado e comando falha ao tratar do enigma de ter êxito em tudo ou fracassar em tudo, de que a história do século xx tem dado evidências eloquentes. As sociedades que tiveram êxito em arranjos orientados para o mercado, assim como nos arranjos dirigidos por governos, são as que foram capazes de desenvolver um conjunto superior de práticas cooperativas. O domínio dessas práticas ajudou a dotá-las tanto de flexibilidade para se mover entre sistemas institucionais – mais baseado no mercado ou mais "dirigista", segundo as circunstâncias ditavam – quanto de habilidade para extrair o melhor efeito de cada sistema. Essas sociedades aprenderam a combinar cooperação e plasticidade: o modo de trabalhar em conjunto que é, na maior extensão possível, hospitaleiro à inovação, inclusive à inovação nas próprias formas de cooperação.

Uma espécie dessas práticas cooperativas amigáveis à inovação ganhou imensa importância no mundo. Ela forma o cerne de um vanguardismo experimentalista que agora igualmente distingue as melhores empresas e escolas, em países ricos e em países em desenvolvimento: na China, na Índia e no Brasil, bem como nos Estados Unidos, no Japão e na Alemanha. A rede de tais vanguardas de produção e conhecimento se tornou uma força poderosa na economia mundial. Elas estão em contato entre si, trocando pessoal, iniciativas e ideias, tanto quanto produtos, serviços e tecnologias.

Entre as marcas dessas práticas avançadas, experimentais, estão uma atenuação de contrastes entre papéis de supervisão e execução; uma consequente fluidez na definição dos próprios papéis executivos; uma tendência a mover o foco do novo esforço, tanto quanto o permitam as limitações de ordem prática, para a fronteira de operações que não são prontamente repetíveis, desde que ainda não tenham sido reduzidas a uma fórmula; uma disposição para combinar e justapor, nos mesmos domínios, cooperação e competição; e uma predisposição, nos grupos engajados no regime cooperativo, para reinterpretar seus interesses e suas identidades grupais – e a expectativa para tanto no curso do processo. Essas práticas – e não exatamente a acumulação de capital ou o refinamento da tecnologia – animam o

Uma oportunidade: a nova relação entre cooperação e inovação

vanguardismo que está revolucionando a vida prática. A cooperação de tipo especial liberta o potencial transformador da ciência e da tecnologia.

A experiência direta desse avanço na capacidade cooperativa e inovadora ficará confinada aos *happy few*? Ou terá penetração maior na vida econômica e social? Os países mais ricos continuarão a se fiar na redistribuição compensatória? Os países em desenvolvimento continuarão a depender da difusão, sustentada politicamente, da pequena propriedade e do pequeno empreendimento, na esperança de atenuar as enormes desigualdades resultantes das descontinuidades entre os setores avançados e atrasados de suas economias? Ou vamos encontrar caminhos para generalizar, na economia e na sociedade, práticas que estão revolucionando os setores avançados? Estamos condenados mais a humanizar do que a transformar?

Para todos aqueles que estão hoje compromissados com alternativas progressistas, a necessidade de responder a essas perguntas é tanto uma oportunidade quanto um problema. É uma oportunidade para associar a luta por tais alternativas ao nosso objetivo no campo do progresso prático, tornando mais leves os fardos da pobreza, da enfermidade e do trabalho escravizante que pesam na vida humana. Ao mesmo tempo, é uma oportunidade para conectar um programa progressista com a causa da criação permanente do novo. A ditadura da falta de alternativas jamais será derrubada por uma combinação de interesses estreitos e compaixões impraticáveis.

Por essa razão, precisamos compreender as condições que sustentam e favorecem a difusão, na sociedade e na cultura, dessa espécie de cooperação aberta à inovação. As alternativas progressistas só irão prevalecer se conseguirem mostrar como é possível assegurar cada uma dessas condições com relação aos recursos – e dentro das limitações – das sociedades contemporâneas.

A primeira condição é a anulação das desigualdades extremas, cristalizadas, sem, no entanto, se comprometer com uma rígida igualdade de circunstância. Privilégio de classe herdado não é reconciliável com a democracia nem justificável pelas consequências da herança. No entanto, é menos importante que o indivíduo seja capaz de escapar – ou ver seus filhos

O que a esquerda deve propor

escaparem – de sua classe do que a estrutura da divisão social e da hierarquia não predeterminar, com rigidez, como as pessoas podem trabalhar juntas.

A segunda condição é que as pessoas sejam aparelhadas e fortalecidas de tal modo que a maneira pela qual recebam seu equipamento educacional e econômico deixe o mais amplo espectro da vida social e econômica aberto à reconfiguração experimental. O significado prático dos direitos humanos básicos repousa num aparente paradoxo. Fazemos com que as capacidades e os direitos básicos das pessoas estejam garantidos contra as oscilações do mercado e as reversões da política. Fazemos isso, no entanto, com a esperança de que, assim equipadas, as pessoas possam prosperar sempre mais, em meio à inovação e à mudança. Subtraímos algo das oscilações de curto prazo da política e dos mercados – as regras definindo os direitos fundamentais – e, nesse sentido, limitamos o que pode ser mudado. Fazemos isso, no entanto, na esperança de tornar mais amplo o arco para mudanças valiosas.

Não precisamos aceitar a fixação de nenhuma relação de inversão entre o fortalecimento do indivíduo, na base dos direitos fundamentais, e a plasticidade de seu cenário social. Se somos suficientemente ousados e imaginativos, podemos ter, simultaneamente, mais salvaguardas e mais plasticidade. As fórmulas tradicionais do direito privado e da democracia podem propiciar maior fortalecimento com menos rigidez que um sistema de casta. No entanto, propiciam menos do que os caminhos alternativos da democratização de mercados e o aprofundamento de democracias, que os progressistas de todo o mundo deveriam agora procurar.

A terceira condição é a difusão de um impulso experimentalista na sociedade e na cultura. A fonte principal desse impulso deve ser uma forma particular de educação, ministrada na juventude e disponível durante toda a vida do trabalhador. Os traços distintivos dessa forma de educação devem ser mais analíticos e problematizadores do que informacionais. Devem dar preferência ao aprofundamento seletivo, não à cobertura enciclopédica. Encorajar a cooperação, não o isolamento ou o autoritarismo, no ensino e na aprendizagem. E proceder dialeticamente – vale dizer, pela exploração de visões e métodos contrastantes, não pelo recurso a um cânone fechado da doutrina correta.

Uma oportunidade: a nova relação entre cooperação e inovação

A quarta condição é reduzir a dependência entre mudança e calamidade e desenhar instituições e discursos que organizem e facilitem a própria revisão. Franklin Roosevelt teve guerra e colapso econômico como seus aliados no projeto de reforma. Deveria ser possível mudar sem, primeiro, se arruinar. E é nesse sentido que precisamos redesenhar nossas instituições e nossos discursos.

Uma alternativa progressista adequada às realidades das sociedades contemporâneas deve mostrar como defender essas quatro condições, como bens em si mesmos e como estímulos à disseminação da cooperação que acolhe amistosamente a inovação. É tarefa que se apresenta com igual força nos países mais ricos e nos mais pobres e baseia-se em interesses tanto materiais como morais.

É melhor entender a questão em sua forma mais geral, antes de aplicá-la às circunstâncias das sociedades contemporâneas. Agimos e pensamos, habitualmente, dentro de uma moldura de arranjos e suposições incontestes. A distância entre nossos atos ordinários contexto-preservacionistas e nossos excepcionais movimentos contexto-transformadores não é constante. Podemos, assim, configurar nossos discursos e instituições de modo a encurtar ou aumentar esta distância. Temos razões para encurtá-la, favorecendo a transformação gradativa de nossos contextos como uma consequência normal de nossas buscas e atividades cotidianas.

Nossas razões são muitas. Fortalecer a liberdade para experimentar – em especial, com formas de cooperação –, da qual depende todo progresso prático. Minar as bases de todo esquema de divisão social e hierarquia que se cristalizou em arranjos e dogmas protegidos contra o desafio. E reter, no âmago de nosso engajamento com o mundo social, o poder de criticá-lo, confrontá-lo e transformá-lo.

A questão aqui, em última análise, é algo que vai além da procura por crescimento econômico socialmente inclusivo e oportunidades maiores e mais igualitárias. Trata-se da nossa habilidade para dar consequência prática à doutrina essencial da democracia: fé nos poderes construtivos de homens e mulheres comuns – e o compromisso de elevá-los para engrandecê-los.

CAPÍTULO 7
PAÍSES EM DESENVOLVIMENTO: CRESCIMENTO COM INCLUSÃO

A experiência recente dos países em desenvolvimento nos ensina duas lições fundamentais. Sua contradição é apenas aparente. A primeira é que países crescem, embora muitas vezes com dramático aumento de desigualdades, quando desatrelam as forças do mercado. A segunda é que aqueles que mais cresceram – a China e, em menor grau, a Índia – são os menos obedientes à fórmula com que são pressionados por governos, financistas e acadêmicos dos países ricos.

Os países em desenvolvimento mais bem-sucedidos são os que têm sido mais pródigos em inovações institucionais – especialmente inovações na definição institucional da própria economia de mercado. Eles são também os que com mais insistência têm erguido um escudo para proteger a heresia nacional em estratégia de desenvolvimento e organização institucional. Esse escudo tem sido construído por meio de iniciativas políticas que alargam a margem de manobra dos governos nacionais. A fórmula vitoriosa tem sido: mercados e globalização, sim, mas apenas em nossos termos.

Mesmo os hereges relativamente bem-sucedidos, todavia, vêm experimentando fracassos no que mais importa: crescimento socialmente inclusivo e fortalecimento individual. Na China, centenas de milhões de pessoas vivem num purgatório de desemprego, insegurança e medo. Na Índia, a maioria da nação continua a trabalhar nas sombras de uma economia informal, sem direitos nem esperança. Na China, a afirmação da independência

O que a esquerda deve propor

nacional permanece enredada numa ditadura que já não crê na fé revolucionária, antes acionada para desculpar seus atos de opressão. Na Índia, a política democrática fracassou em traduzir a promessa da ideia nacional na realidade da capacitação e da oportunidade para trabalhadores e trabalhadoras comuns. Em todo o mundo em desenvolvimento, um imenso número de pessoas, mesmo quando livres da fome, debate-se num vácuo de lei e oportunidades. Elas já receberam a mensagem: sabem que são semelhantes a Deus. No entanto, não conseguem ficar de pé.

Existe um outro caminho. Ele se constrói sobre as lições dessa experiência recente, em especial os exitosos, embora truncados, avanços em matéria de inovação institucional e desafio nacional. A suposição em funcionamento é que países em desenvolvimento não podem realizar a meta de crescimento com inclusão dentro do estreito âmbito de formas da economia de mercado, da democracia representativa e da sociedade civil livre, tal como estabelecidas nos países ricos do Atlântico Norte. Embora tenha de variar conforme as condições de cada momento e de cada país, a direção básica sinalizada é pertinente a uma ampla extensão da circunstância atual. Quatro eixos de mudança definem esse programa alternativo. Juntos, eles sugerem uma direção, não um projeto. Pois é isto o que um argumento programático pode oferecer: uma direção e uma série de próximos passos.

O primeiro eixo é o levantar do escudo em defesa da heresia: o conjunto de arranjos e políticas que tornam países aptos a se voltar para os mercados e a globalização nos próprios termos – em termos que fazem do crescimento socialmente inclusivo algo ao menos pensável e factível. Erguer tal escudo, hoje, é rejeitar decisivamente o equivalente funcional contemporâneo do padrão-ouro. O objetivo do padrão-ouro do século XIX, já se observou, era fazer o nível da atividade econômica depender do nível de confiança comercial. O que atava as mãos dos governos nacionais em benefício dos que controlavam a riqueza financeira.

O equivalente funcional atual do regime extinto é imposto a alguns países submissos em desenvolvimento, mais do que adotado com alacridade pelas economias mais ricas. Seus componentes são: aquiescência com um

62

baixo nível de poupança doméstica e consequente dependência do capital estrangeiro; uma baixa carga tributária, exceto quando uma alta arrecadação é necessária para pagar débitos internos, o que é, em si mesmo, um meio de transferir riqueza de trabalhadores e produtores para rentistas; e uma liberdade praticamente irrestrita para o capital ir e vir, na medida em que as condições locais podem permitir.

O resultado prático é aumentar a necessidade de os governos nacionais cortejarem os mercados internacionais de capital. No entanto, essa dependência, antes de ser denunciada pela servidão voluntária que representa, é abraçada como uma vantagem. Acredita-se que, sem ela, governos poderiam se sentir tentados a embarcar no populismo aventureiro e irresponsável, temido pelos guardiões da pseudo-ortodoxia. O escudo que protege a heresia é a alternativa a essa sombra de ouro.

O primeiro elemento de construção desse escudo é um incremento, mesmo forçoso, do nível de poupança doméstica. O reconhecimento de que a poupança é mais consequência que causa do crescimento econômico deve ser superado pelo imperativo estratégico de ter maior liberdade para desafiar os mercados financeiros.

Uma mobilização forçada dos recursos nacionais pode requerer poupança compulsória – especialmente poupança previdenciária compulsória –, numa escala progressiva íngreme.

Um nível mais alto de poupança é inútil – e mesmo perigoso – se não for adequadamente canalizado para a produção. Hoje, as ideias dominantes e mesmo a nomenclatura aceita tornam impossível tratar o modo como os arranjos institucionais de uma economia devem estreitar ou afrouxar o vínculo entre poupança e produção, permitindo que muito do potencial produtivo da poupança seja esbanjado num cassino financeiro. A verdade, porém, é que, mesmo nas economias mais ricas, a produção é amplamente financiada pelos lucros retidos das empresas. Apenas uma pequena porção da vasta poupança reunida em bancos e mercados de ações tem uma relação oblíqua e espasmódica com o financiamento da atividade produtiva.

O que a esquerda deve propor

O segundo elemento do escudo da heresia tem de ser, portanto, um esforço para estreitar essas conexões, dentro e fora dos mercados de capital existentes. Os instrumentos para tal estreitamento incluem os que façam o que o *venture capital** deixa de fazer – por exemplo, fundos competitivos e independentemente administrados seriam encarregados de canalizar parte da poupança compulsória em empreendimentos emergentes.

Um terceiro elemento do escudo da heresia é o realismo fiscal – um governo determinado a viver dentro de suas posses –, mesmo pagando o preço de renunciar momentaneamente ao gerenciamento contracíclico da economia. O papel do realismo fiscal no escudo da heresia é, contudo, o reverso de sua função na pseudo-ortodoxia que agora os países mais ricos recomendam aos mais pobres: fortalecer o poder de se desenvolver ao longo de uma trilha divergente.

A única maneira de assegurar, no curto prazo, a alta carga tributária que tal realismo fiscal exige – minimizando, ao mesmo tempo, seu efeito negativo nos estímulos à poupança, ao trabalho e ao investimento – é confiar de fato em tributos, como o imposto sobre o valor agregado, que são reconhecidamente regressivos: incidem desproporcionalmente nos contribuintes que poupam menos porque ganham menos. O sacrifício da equidade no desenho do sistema tributário pode ser mais do que compensado não apenas pelo gasto social redistributivo que ele torna possível, mas também pelo potencial de criação de oportunidades do programa mais amplo que ele pode sustentar. Uma vez estabelecida a heresia, o foco da tributação pode começar a se voltar para os alvos adequados: a hierarquia dos padrões de moradia (a ser submetida a um imposto marcadamente progressivo sobre o consumo individual) e a acumulação de poder econômico (a ser tributada com uma carga pesada na riqueza, especialmente quando transmitida por herança e doações familiares).

---

* *Venture capital*: capital que financia, ou participa como acionista, de empreendimentos que, pelo caráter inovador, envolvem grande risco e incerteza, mas oferecem, caso bem-sucedidos, altos lucros. (N.R.T.)

Países em desenvolvimento: crescimento com inclusão

Um quarto elemento no escudo da heresia é um oportunismo tático sem remorsos, no tratamento da movimentação financeira. O economizar cuidadoso das reservas nacionais e a imposição de severas restrições temporárias aos movimentos de capital podem ser seguidos por uma completa convertibilidade da moeda local e uma liberdade irrestrita para o capital se mover ao sabor das circunstâncias.

Erguer dessa forma um escudo de proteção à heresia nacional é estabelecer uma economia de guerra sem uma guerra: a mobilização forçada de recursos permitindo que suplicantes se convertam em rebeldes. O levantar do escudo ajuda a criar o espaço no qual um país em desenvolvimento pode equipar melhor o indivíduo, democratizar o mercado e aprofundar a democracia.

O segundo eixo de uma alternativa progressista é equipar o indivíduo. O propósito norteador da política social não deveria ser o de atingir maior igualdade – somente a reorganização da economia e da política pode oferecer maiores contribuições nessa direção –, mas o de fortalecer as capacidades do indivíduo. A educação tem de estar, portanto, no cerne da política social. Sua organização pode servir de modelo parcial a outros serviços públicos.

A responsabilidade principal da educação na democracia, nos países mais pobres ou nos mais ricos, é equipar o indivíduo para agir e pensar no agora, na situação existente, ao mesmo tempo que deve provê-lo de meios para ir além dessa situação. Desafiar e revisar o contexto, mesmo que mínima e gradativamente, é não só a condição para a realização plena de nossos ideais e interesses – é também uma expressão indispensável de nossa humanidade, enquanto seres cujos poderes de experiência e iniciativa nunca são esgotados pelos mundos social e cultural em que nascemos. A escola tem de ser a voz do futuro. Tem de resgatar a criança de sua família, de sua classe, de sua cultura e de seu período histórico. Em consequência, não pode ser o instrumento passivo da comunidade local nem da burocracia governamental.

Em sua base de recursos, a escola deve compensar, antes que reforçar, as desigualdades – e jamais depender das finanças locais. Deve haver padrões mínimos de investimento por criança e desempenho em cada escola. Autoridades locais e nacionais devem intervir corretivamente quando tais padrões

O que a esquerda deve propor

não sejam cumpridos. Em seu conteúdo, a educação deve focalizar um núcleo de capacidades gerais e preparar a mente para se engajar numa cultura experimentalista. Em sua atitude diante do sistema de classe, ela deve estar pronta mais para aguçar do que para suprimir a contradição entre classe e meritocracia.

Nas sociedades em que a transmissão de privilégios herdados por meio da família permanece uma força poderosa, nenhum arranjo será capaz de despertar mais excitamento e ambição do que aquele que dá, generosamente, apoio e oportunidade especial aos estudantes mais talentosos e empenhados, especialmente quando eles lutam contra desvantagens. Nada pode ser mais bem calculado para minar desigualdades sociais, tanto a curto quanto a longo prazo, do que a formação de uma contraelite republicana equipada para derrotar e desalojar uma elite de herdeiros. Essa contraelite pode ser tão egocêntrica quanto suas predecessoras. Pode ser a beneficiária de desigualdades que já não parecem sê-lo tanto porque se mostram úteis. No entanto, sua ascensão sinalizará um novo conjunto de conflitos, que pode ajudar o avanço de um programa como o esboçado aqui.

O escudo da heresia terá sido levantado em vão e o fortalecimento individual restará sem oportunidade adequada para usar suas energias produtivamente se o país falhar em organizar o crescimento econômico socialmente inclusivo. Nas condições do mundo contemporâneo, tal organização requer que sejam refeitas as formas da economia de mercado.

Fomos habituados por duzentos anos de disputa ideológica a pensar que a escolha diante de nós é mercado ou comando, ou um pouco de cada. Esse modo de pensar oculta um dos maiores problemas das sociedades contemporâneas, cuja solução se torna agora decisiva para o futuro dos países em desenvolvimento. Não basta regulamentar o mercado ou compensar as desigualdades que ele gera, recorrendo à tributação redistributiva. É necessário reinventar o mercado. Redefinir os arranjos institucionais que fazem dele o que ele é.

Para isso, há duas tarefas principais. A primeira é estabelecer a base para uma série de avanços progressivos, desestabilizadores, tanto do lado da oferta quanto do lado da demanda do crescimento econômico. Cada avanço

Países em desenvolvimento: crescimento com inclusão

estende os limites do que a economia, em seu estado presente, é capaz de produzir e oferecer. Cada avanço gera, portanto, uma pequena crise, que só pode ser resolvida por outros avanços nos campos da oferta ou da demanda. Logo, cada avanço acrescenta algo ao projeto de fazer mais incluindo mais.

O resultado é despertar uma febre de atividade produtiva não pela supressão do mercado, mas pelo aumento das oportunidades de participar dele. Não podemos aumentar essas oportunidades de participar da atividade do mercado sem reorganizar, simultaneamente, a forma institucional familiar da economia de mercado.

A segunda tarefa é impor às criações de tal atividade produtiva febril um rigoroso mecanismo de seleção competitiva. As duas tarefas, embora conceitualmente distintas – podem e devem – ser executadas simultaneamente.

As intervenções progressistas que se fazem necessárias, no campo da oferta, podem ser mais prontamente entendidas por um exemplo histórico. Os Estados Unidos do século XIX, formados na forja terrível da escravidão africana, criaram, no entanto, mercados agrícolas e financeiros mais descentralizados e inclusivos do que quaisquer outros até então existentes. A disputa por terra e lavoura desembocou na criação de um sistema agrário de eficiência inédita, baseado na parceria estratégica entre governo e famílias agricultoras, tanto quanto na competição cooperativa entre estas. A luta pelos bancos nacionais resultou em seu desmantelamento – e na criação do mais eficaz e descentralizado esquema de crédito ao produtor e ao consumidor que o mundo já tinha visto.

Esse exemplo particular já não é aplicável aos problemas de hoje, mas o princípio que expressa nada perdeu de sua força. Democratizar o mercado por caminhos como aqueles é agora parte do que precisa ser feito, em escala maior, em cada setor de cada economia nacional, no mundo inteiro. E o que é útil em todo lugar, é urgente nos países em desenvolvimento.

A intervenção progressista no campo da oferta deveria, portanto, tomar a forma de inovações institucionais que estendessem radicalmente o acesso a crédito, tecnologia e *expertise* e ajudassem a identificar, desenvolver e propagar os experimentos produtivos e as inovações tecnológicas locais de

O que a esquerda deve propor

êxito comprovado. Uma suposição pesaria contra a ideia de uma ascensão uniforme evolucionária unilinear, que faria, dos países em desenvolvimento, plataformas para a tradicional e rígida indústria de produção em massa, ora em declínio nas economias mais ricas.

É um preconceito sem suporte factual supor que as práticas da cooperação aberta à inovação e da competição cooperativa sejam uma prerrogativa da produção altamente tecnologizada e intensiva em conhecimento dos países mais ricos. O objetivo é disseminar essas práticas de forma aleatória e antes do tempo; ajudá-las a se estabelecer mesmo em setores da economia que podemos julgar rudimentares por sua natureza; e favorecer sua difusão na economia nacional, sem contar com um plano central imposto de cima pelo Estado.

Nem o modelo regulatório americano, à distância, nem o modelo asiático de formulação de políticas de indústria e comércio por uma burocracia central se mostram adequados à tarefa. A execução desta requer, entre a ação pública e a iniciativa privada, uma forma de coordenação mais pluralista que unitária, mais participativa que autoritária, mais experimentalista que dogmática. O apoio público ao empreendimento privado pode ser justificado apenas por uma expansão de oportunidades: mais oportunidades para mais agentes econômicos nos mais variados termos. O que podem parecer subsídios governamentais a interesses privados, quando encarados estaticamente, podem ser convertidos, numa visão dinâmica, para servir de movimentos num esforço para ampliar o mercado, pelo refazimento dos arranjos institucionais que o definem.

Um conjunto de fundos e centros de suporte técnico, intermediando entre governo e empresas privadas, pode desempenhar papel relevante nesse trabalho. E, dos diferentes tipos de relação que tais fundos e centros venham a estabelecer com sua clientela empresarial, podem se desenvolver gradualmente regimes alternativos de propriedade privada e social – modos múltiplos de organizar a coexistência de investimentos em recursos produtivos semelhantes. Tais regimes múltiplos de propriedade privada e pessoal começariam então a coexistir experimentalmente em uma mesma economia

Países em desenvolvimento: crescimento com inclusão

nacional. A forma oitocentista clássica da propriedade privada, que permite ao proprietário fazer o que ele bem entender, por sua conta e risco, com os recursos de que dispõe, poderia ser um desses regimes. Mas não o único. Por que limitar os poderes produtivos da sociedade a uma só versão da economia de mercado?

A reconfiguração do campo da oferta deve ter, como sua contraparte, uma inclinação, do lado da demanda, no sentido de maiores ganhos para o trabalho. Nenhum dogma do pensamento econômico atual é mais cristalizado e revelador do que a visão de que os ganhos do trabalho não podem subir acima do crescimento da produtividade – e que qualquer tentativa de fazê-los crescer mais rápido será supostamente desfeita pela inflação. Contudo, a falsidade dessa visão – tão similar à ideia de Marx de uma convergência de todas as economias capitalistas para um mesmo padrão de "mais-valia" – é demonstrada pelas dramáticas diferenças da participação do trabalho na renda nacional em países com recursos naturais e níveis de desenvolvimento econômico comparáveis.

A curva ascendente em ganhos reais para o trabalho é base indispensável para a ampliação de um mercado consumidor de massa. Ela torna possível uma estratégia de crescimento econômico que considera exportações e globalização expressões do mesmo vigor, que deve também se manifestar no crescimento do mercado interno. Os métodos para atingir a curva ascendente devem ser tão variados quanto as circunstâncias dos países em desenvolvimento. No topo da hierarquia salarial, por exemplo, uma técnica pode ser a generalização gradual do princípio da participação do trabalhador nos lucros da empresa. Na base dessa hierarquia, é frequentemente melhor dar incentivos – ou mesmo subsídios diretos – para emprego e treinamento da mão de obra menos preparada e mais baixamente remunerada. No nível médio da hierarquia salarial, a base mais promissora de avanço pode estar num regime legal de trabalho que, ao sindicalizar automaticamente todos os trabalhadores, crie uma tendência para a inclusão de categorias mais amplas de membros da classe trabalhadora em negociações de salários e direitos.

O que a esquerda deve propor

O despertar da atividade produtiva por meio da ampliação de oportunidades, nos campos da oferta e da demanda econômicas, deve ser acompanhado, a cada lance, pela radicalização da competição. Na alta vida empresarial, há que desfazer tratos de favorecimento entre governo e interesses privados e impor o "capitalismo" aos "capitalistas". A combinação de fecundidade na atividade econômica com um implacável mecanismo de seleção competitiva é a receita para o progresso rápido e persistente.

Reformas como as descritas acima, nas primeiras três linhas-guia de uma alternativa progressista para os países em desenvolvimento, jamais serão a dádiva de uma elite iluminada a cidadãos passivos. Elas podem avançar somente em clima de elevada, mas organizada, mobilização popular. Dependem da facilidade para práticas repetidas de reforma estrutural – reforma de práticas e instituições que modelam rotinas de superfície da vida social. Exigem que o crescimento do indivíduo não tenha, como seu reverso, a rigidez de práticas e arranjos estabelecidos. Demandam muito mais espaço para o desvio e o experimento do que hoje existe em qualquer lugar. Seu efeito total é fazer com que a transformação reduza sua dependência da crise. Ela torna a mudança "endógena" à vida econômica e social – redefinindo, como projeto, o que a teoria social clássica europeia supunha ser um fato estabelecido. Ela faz da política democrática uma máquina para a permanente invenção do futuro.

Assim, o quarto eixo de uma alternativa é o estabelecimento das instituições de uma democracia de alta energia.

Um conjunto de arranjos institucionais deve ajudar a garantir um contínuo alto nível de engajamento popular organizado na política. Uma política fria, desmobilizada, não pode servir de meio para reorganizar a sociedade. Uma política quente, mobilizada, é compatível com a democracia somente quando instituições canalizam suas energias. É uma meta que pode ser alcançada como efeito cumulativo e combinado de muitos dispositivos. Um exemplo é o acesso ampliado e gratuito que partidos políticos e movimentos de massa organizados poderiam alcançar por meio da comunicação de massa. Outro exemplo é o financiamento exclusivamente público – e o banimento de qualquer uso de recursos privados – em campanhas eleitorais.

Países em desenvolvimento: crescimento com inclusão

Um segundo conjunto de instituições deve ser desenhado para apressar o passo da política. Por exemplo: a eleição direta de um presidente poderoso pode ajudar a minar e sobrepujar acordos tramados entre elites políticas e econômicas. No entanto, o regime presidencial deve então ser purgado da predisposição para o impasse, pela qual Madison, na Constituição americana, maquinou um modo de retardar e conter os usos transformadores da política: uma relação estreita entre o alcance reconstrutivo de um projeto político e a severidade dos obstáculos constitucionais que sua realização tem de superar. Inovações simples podem inverter essa lógica: por exemplo, concedendo tanto ao Executivo quanto ao Legislativo o poder de antecipar eleições para romper um impasse programático. Ambos, Executivo e Legislativo, teriam de encarar o teste eleitoral. Resultado similar pode ser alcançado por um regime parlamentarista puro, desde que elementos de democracia direta – entre eles, plebiscitos programáticos abrangentes e envolvimento direto da massa da população na formulação e implantação de políticas – impeçam a degeneração do regime parlamentarista num elenco de acordos de bastidores, feitos à sombra da ditadura de um primeiro-ministro.

Um terceiro conjunto de arranjos formador da agenda institucional de uma democracia de alta energia expandiria vastamente as oportunidades para se tentar, em partes específicas do país ou em setores da economia, modos diferentes de fazer as coisas. À medida que percorremos uma certa trilha da política nacional, devemos estar preparados para precaver-nos contra a perda de nossas apostas. O caminho para essa precaução é radicalizar o princípio expresso, mas não desenvolvido, no federalismo tradicional. Governos, redes de negócios ou organizações sociais locais deveriam ter permissão para fazer escolhas fora do campo das soluções dominantes, desde que, ao fazê-las, não estabeleçam forma alguma de opressão ou dependência, da qual seus membros não possam escapar prontamente.

Um quarto componente da organização institucional da democracia de altar energia deveria ser dotar e fortalecer o indivíduo. Ele precisa contar com um pacote básico de direitos e benefícios inteiramente independentes do emprego particular que possui. Tão logo as condições econômicas

O que a esquerda deve propor

permitam, um princípio de herança social deve começar a ser introduzido. Sob tal princípio, o indivíduo poderia, em momentos decisivos de sua vida – entrar na universidade, comprar uma casa, abrir um negócio –, fazer retiradas de uma conta de dotação social de recursos básicos. A herança social para todos substituiria gradualmente a herança familiar para poucos. Além disso, um setor especial do governo deveria ser desenhado e equipado para intervir em práticas ou organizações que corporifiquem formas de marginalização ou exclusão, das quais o indivíduo é impotente para escapar pelos meios geralmente disponíveis de ação política e econômica.

Uma quinta parte da constituição da democracia de alta energia está na tentativa de combinar traços de democracia representativa e direta, mesmo nos maiores e mais populosos estados. Os meios para alcançá-la são praticamente idênticos aos que contribuiriam para a realização das primeiras duas partes acima descritas – a elevação do nível de engajamento popular organizado na política e o movimento para uma rápida ruptura de impasses por meio da convocação do eleitorado geral. Esses meios incluem o uso de plebiscitos programáticos abrangentes, acordados entre os ramos políticos do governo, e o envolvimento de comunidades particulares, organizadas fora da estrutura tanto do governo quanto dos negócios, na formulação e na implantação de políticas econômicas e sociais locais. A meta não é apenas dissolver a estrutura sem desorganizar a política, mas também conferir, à prática comum da vida cotidiana, a experiência de uma atuação efetiva.

Todo esse programa, assinalando uma direção de mudança cumulativa em práticas e instituições, situa a demanda por justiça social e o fortalecimento individual do lado da energia construtiva e da perpétua inovação. Seu propósito não é apenas tornar menos cruel um mundo sem coração, mas também servir como expressão prática da fé em nossa habilidade para reconciliar a procura por sucesso mundano com as promessas da democracia. Tal fórmula se aplica, igualmente, às circunstâncias e às perspectivas das democracias ricas do Atlântico Norte.

CAPÍTULO 8
EUROPA: A REINVENÇÃO DA SOCIAL-DEMOCRACIA

A social-democracia – a mais amplamente admirada forma de organização das sociedades avançadas – está há tempos se retraindo em seu solo europeu de origem. Por que a Europa tem representado, aos olhos do mundo, a promessa de uma economia de mercado e de globalização mais inclusiva e igualitária do que a forma associada aos arranjos e ao poder americanos, o futuro desse retraimento é prenhe de significado para todos.

Os compromissos tradicionais do que certa vez se descreveu como "modelo renano" – resguardar os trabalhadores contra quedas na atividade econômica; proteger pequenos negócios, especialmente os familiares, contra os grandes; defender os componentes internos das empresas contra o curto prazo do mercado de ações – foram todos, pouco a pouco, abandonados. Sacrificados em função da proteção do que é acertadamente considerado mais valioso – a habilidade para negociar "contratos sociais" que distribuam mais equitativamente os encargos, permitindo a obtenção de ganhos comuns e a preservação de generosas dotações sociais, possíveis graças a altas cargas tributárias. A preservação dessas dotações se mostrou a última linha de defesa da social-democracia. Tudo o mais está em processo de capitulação – lenta, mas inexorável – em nome dos impiedosos imperativos do realismo fiscal, da flexibilidade econômica e da competição global.

Deveriam os progressistas dos países ricos se apegar a esse modelo histórico agora eviscerado, aguardando a primeira chance para restaurar algo

O que a esquerda deve propor

de seu conteúdo tradicional? Ou propor uma mudança de rumo mais fundamental? As respostas a tais questões resultam da compreensão do fracasso dos compromissos históricos que modelaram a social-democracia, no tratamento, hoje, dos maiores problemas das sociedades europeias.

A social-democracia nasceu de um toque de recolher. Em seu período formativo, ela bateu em retirada diante da possibilidade de reorganizar a produção e a política. Em troca desse recuo, estabeleceu uma posição forte no campo da redistribuição compensatória da renda. Política e economia – acreditavam os fundadores modernos da social-democracia – não poderiam ser reorganizadas naquelas circunstâncias. Poderiam, no entanto, ser humanizadas. Muito dessa humanização consistiu em um esforço bem-sucedido de equipar as pessoas com meios para se defender das consequências da insegurança econômica. Hoje, porém, políticas de redistribuição compensatória retrospectiva não podem dar conta adequadamente dos maiores problemas da Europa, ou mesmo de qualquer problema das sociedades avançadas. A social-democracia precisa reentrar nos terrenos dos quais se afastou: a organização da produção e da política.

A verdade dessa proposição pode não ser aparente de imediato. Pois existem ao menos dois conjuntos de avanços cruciais para o futuro da social-democracia – passíveis de ser alcançados dentro dos limites do compromisso social-democrático histórico. Vistos mais de perto, contudo, esses avanços se revelam meras preliminares, pontes para um mundo de preocupações e inquietações que se encontra além dos limites da social-democracia tradicional.

O primeiro desses avanços diz respeito à provisão de serviços sociais. Os cidadãos de toda social-democracia pagam caro pela alta tributação dos serviços públicos. Estão certos em exigir que esses serviços melhorem. O modelo de serviços padronizados em educação, saúde ou assistência social que uma burocracia especializada oferece é a contraparte administrativa de uma forma obsoleta de produção industrial: a produção padronizada de bens e serviços, por meio de máquinas e processos produtivos rígidos, na base de uma organização do trabalho totalmente hierarquizada e de uma inflexível especialização funcional.

Europa: a reinvenção da social-democracia

O Estado deveria providenciar apenas serviços muito complexos, caros ou, simplesmente, novos demais para serem supridos por fornecedores privados. Os fornecedores privados, porém, não deveriam ser exatamente empresários. Poderiam se constituir de quaisquer organizações ou equipes que se formassem para fazer o trabalho. Mas não basta esperar que tal resposta ativa e empreendedora aflore na sociedade civil – é necessário provocá-la, alimentá-la, organizá-la.

O governo deveria ter um duplo papel na provisão de serviços públicos. Um deles seria o de monitorar e extrair o máximo de provisão da economia privada e da sociedade civil. A regulamentação à distância não basta. O governo precisa, com frequência, estar intimamente empenhado na atração e mesmo na formatação de tais projetos. Diversidade competitiva no fornecimento de serviços deveria ser tanto o objetivo quanto o método. O negócio lucrativo, todavia, não é o único nem o mais adequado agente. O outro papel do governo, na provisão de serviços públicos, deveria ser o de vanguarda, desenvolvendo experimentalmente novos serviços ou novos meios de fornecer os antigos. O princípio-guia não está na imposição burocrática, ou no consumidor fazendo escolhas num mercado. Mas na diversificação experimental baseada num amplo conjunto de associações entre iniciativas governamentais e não governamentais.

O segundo avanço que parece compatível com os limites históricos da social-democracia tem a ver com a condução da política econômica. Em todas as sociedades avançadas, aqueles que veem o gerenciamento contracíclico da economia como o principal dever do Estado foram punidos. A política monetária rendeu-se aos bancos centrais, céticos acerca das vantagens de "manejar" a oferta monetária, enquanto a política fiscal é conduzida por políticos que aprenderam que o custo do déficit financeiro pode ser mais duradouro que seus benefícios.

O chamado ao realismo fiscal será usado, no entanto, simplesmente para ganhar e manter a confiança financeira, identificando os caprichos dos mercados de capital com os preceitos da sabedoria econômica? Ou os governos usarão a prudência fiscal para se libertar de tais caprichos? Realismo fiscal

O que a esquerda deve propor

não é um programa, nem mesmo para a política macroeconômica. É, meramente, uma preocupação. Sua justificação é alargar uma liberdade de manobra que deve, então, ser usada. Não nos ensina como usar essa dispendiosa liberdade.

Um governo que tenha dispensado o uso contracíclico das políticas monetária e fiscal, determinado a evitar dinheiro artificioso e a viver dentro de suas posses, tem, no entanto, uma missão econômica de enorme significado: assegurar que se aproveite melhor o potencial produtivo da poupança privada. O capital de risco – o financiamento de negócios emergentes – permanece uma indústria menor. Falhou a tal ponto em satisfazer as expectativas, que se converteu na expressão consumada do papel das finanças na produção.

Nos países ricos e nos países em desenvolvimento, é vital reconhecer que a extensão em que a poupança acumulada da sociedade serve à produção – especialmente à nova produção – depende do modo como a economia está organizada. O papel do especulador capitalista – identificar oportunidades, recrutar pessoas, nutrir organizações e, finalmente, financiá-las em troca de participação na propriedade e nos resultados – pode acontecer em escala muito mais vasta. Se o mercado, tal como se acha organizado agora, não promove isso, então o Estado tem de ajudar a estabelecer os fundos e os centros que irão mimetizar o mercado, reproduzindo seus traços de independência, competição e responsabilidade. Se os governos nacionais se robustecerem com a prudência fiscal, que a usem, então, para ajudar a estreitar os laços entre poupança e produção e a incentivar ambições e empreendimentos.

Com tais avanços na organização dos serviços públicos e das finanças, contudo, a social-democracia esbarraria numa fronteira de problemas que se projetam além dos limites dos compromissos históricos que a formaram. Os países europeus enfrentam agora três problemas, que só podem ser encarados por iniciativas que exigem a reorganização mesma da produção e da política, coisa que a social-democracia abandonou no processo de se tornar o que hoje ela é.

O primeiro problema está na estreiteza da base social e educacional de acesso aos setores mais avançados da economia: setores que são agora o

Europa: a reinvenção da social-democracia

espaço privilegiado da cooperação aberta à inovação – e se tornaram responsáveis por uma parcela crescente da produção de novas riquezas. Em todas as economias avançadas, as vanguardas produtivas permanecem relativamente pequenas e fracamente vinculadas ao restante da economia. A vasta maioria das pessoas que se elevaram acima da pobreza acha-se excluída dessas vanguardas – e das instituições educacionais que preparam seus quadros. Em todas as economias avançadas, as vanguardas mantêm um quase monopólio sobre as novas práticas de cooperação e inovação, que de outra maneira florescem em setores de elite bem distanciados do sistema produtivo, como escolas e universidades experimentais, igrejas missionárias, comandos militares e orquestras sinfônicas.

Um subproduto da relativa pequenez e do isolamento dos setores avançados da produção, responsáveis por boa parte da inovação técnica e econômica e por uma faixa florescente da criação de novas riquezas, é o pesado fardo imposto às finanças públicas. Desigualdades enraizadas nas divisões estruturais de uma economia organizada de forma hierárquica precisam ser atenuadas retrospectivamente por transferência redistributiva, financiada por uma alta carga tributária. Equidade e eficiência se transformam em adversários – e o Estado, em Sísifo.

Necessitamos de uma ampliação radical do acesso social e educacional às vanguardas e, sobretudo, aos modos de pensar e trabalhar que as fazem ser o que são. Essa ampliação deve ser combinada com uma grande expansão da área da vida social e econômica nas quais as práticas avançadas do experimentalismo educacional e produtivo têm lugar. Não somente a passagem para os setores avançados deve ser aberta mais generosamente, como os métodos de trabalho e invenção, que aí florescem, precisam ser transplantados para muitos outros espaços da economia e da sociedade.

As social-democracias ricas da Europa não cumprirão essas metas apenas por meio da regulamentação governamental das empresas e da realocação de recursos. Nem a atingirão se ficarem esperando que o mercado, tal como está organizado agora, as produza. O modelo americano de regulamentação à distância dos negócios pelo governo não o fará, tampouco o método do

O que a esquerda deve propor

nordeste da Ásia, com uma burocracia formulando de cima para baixo a política industrial e comercial. As sociais-democracias precisam desenvolver um modelo de coordenação descentralizada entre governo e empresa privada. O propósito desse modelo deveria ser semelhante ao das ações governamentais que, nos Estados Unidos do século XIX, ajudaram a criar um sistema agrícola extraordinariamente bem-sucedido: não pela superação, mas pela criação de um mercado, por meio da ampliação do acesso a oportunidades e recursos produtivos.

Dois conjuntos de iniciativas são cruciais: um, econômico; outro, educacional. A iniciativa econômica é a generalização do trabalho do capital privado de risco para além dos tradicionais confins dos investidores em empreendimentos emergentes. Um conjunto de fundos e centros de apoio, intermediando entre governo e empresas privadas, deveria facilitar o acesso a crédito, tecnologia, *expertise* e mercados. Quando os agentes existentes falham em fazer o trabalho, os centros e fundos deveriam se encarregar de executá-lo. Boa parte de seu trabalho consistiria em identificar e disseminar práticas locais exitosas e em acelerar a inovação. Mas não podem desempenhar essa missão, a menos que, apartados da pressão política e sujeitos à pressão competitiva, sejam capazes de reproduzir e mesmo radicalizar os princípios de um mercado.

As associações entre esses fundos ou centros de apoio e sua clientela empresarial não precisam seguir um modelo único; podem ir da íntima partilha de participações e de tarefas a uma relação relativamente distante de financiamento e assistência técnica, em troca de equidade. Aqui, como nas propostas anteriores para os países em desenvolvimento, os diferentes tipos de relacionamento entre empresas emergentes e as organizações que as assistem podem conter o embrião de regimes alternativos de propriedade privada e social – diferentes formas de organizar a coexistência de interesses em recursos produtivos – que começariam a coexistir experimentalmente no interior de uma mesma economia.

A esquerda não deveria procurar suprimir o mercado, meramente regulamentá-lo ou atenuar suas desigualdades pela redistribuição compensatória

Europa: a reinvenção da social-democracia

retrospectiva. Ela deveria ser aquela que propõe reinventar e democratizar o mercado, estendendo o âmbito de suas formas legais e institucionais. Aquela que deveria transformar a liberdade de combinar fatores de produção em uma ampla liberdade de experimentar com arranjos que definem o cenário institucional de produção e troca.

A iniciativa educacional, complementando essas inovações econômicas, incluiria a provisão de uma educação vitalícia, centrada no domínio de capacidades práticas e conceituais abrangentes. Tal domínio capacitaria o indivíduo a se mover de emprego a emprego – e a participar de uma forma de produção que gradualmente se converte em prática de aprendizado coletivo e inovação permanente. A escola precisa não apenas equipar a criança com as ferramentas da ação efetiva. Precisa também dotar o estudante de hábitos e habilidades de experimentação perpétua, progressiva. Em cada domínio do pensamento e da prática, por mais modesto que seja, ela deve ensinar as pessoas a investigar e a dar os passos seguintes.

As pessoas devem estar preparadas para voltar à escola periodicamente, a expensas do governo e de seus empregadores; nenhuma parte de sua dotação social básica é mais importante do que o direito à educação contínua. E aqui, como nos países em desenvolvimento, o financiamento e a colocação de pessoal nas escolas não podem ser influenciados pela desigualdade dos recursos que variam de localidade para localidade.

Pode se dar forma mais geral a esta última preocupação. A União Europeia está se desenvolvendo agora segundo o princípio de que a regulamentação econômica deve ser centralizada – e a política social e educacional permanecer local. O que deveria prevalecer é exatamente o inverso desse regime. Deveria haver escopo e espaço em expansão para a experimentação econômica. Por contraste, uma responsabilidade central da União deveria ser garantir a dotação – especialmente a dotação educacional – de todos os cidadãos.

O segundo problema que ultrapassa os limites dos compromissos históricos que formaram a social-democracia é o enfraquecimento da base de coesão social. A prática de pagamentos de transferência compensatória – a substância do seguro social – é uma conquista de significado inquestionável.

O que a esquerda deve propor

Salvou centenas de milhões de pessoas da pobreza, da indignidade e do medo. No entanto, não serve de argamassa social. Em todas as sociais-democracias contemporâneas, as pessoas pertencem a mundos sociais que estão se movendo rápido e independentemente uns dos outros. O significado residual da solidariedade social se reduz a cheques enviados pelo correio: recursos fluem, pelas mãos do Estado, de pessoas que estão ganhando dinheiro nas vanguardas produtivas, por exemplo, para pessoas que estão necessitando de dinheiro para gastá-lo na economia solidária. Os habitantes desses diferentes reinos podem se conhecer menos – e, portanto, se preocupar menos uns com os outros – do que membros de muitas sociedades hierárquicas tradicionais.

Cheques enviados pelo correio não são suficientes. É necessário estabelecer o princípio de que cada adulto são terá uma posição tanto no sistema produtivo quanto na economia solidária: parte de uma vida ou de um ano de trabalho deveria ser dedicada à provisão de cuidados para o jovem, o velho, o enfermo, o pobre e o desesperado. É um esforço que só pode ser eficaz se as pessoas receberem treinamento adequado para o que terão de fazer e se a sociedade civil estiver organizada – ou o governo ajudá-la a se organizar – para dar a tal esforço maior eficiência. A solidariedade social terá então um alicerce na única força capaz de garanti-la: o exercício direto da responsabilidade das pessoas umas para com as outras.

Um terceiro problema que não pode ser equacionado dentro das fronteiras da social-democracia tradicional é a necessidade de dar às pessoas a chance de viver uma vida mais plena, transfigurada pela ambição, a surpresa e a luta. Nenhuma ansiedade é mais central à democracia – e, portanto, à social-democracia – do que o medo de que o progresso em direção a maior prosperidade e igualdade venha desacompanhado de um avanço nas capacitações e na autoafirmação da humanidade comum. As razões para querer mais são tão práticas quanto espirituais: fazer melhor uso das energias adormecidas e estabelecer, na mente de homens e mulheres comuns, a ideia e a experiência de um poder próprio.

Na Europa, terra natal da social-democracia, esse problema vem carregado de um *páthos* especial. Para um grande número de pessoas comuns, a ocasião

Europa: a reinvenção da social-democracia

para se erguer acima da pequenez da vida ordinária foi a guerra: a devoção sacrificial associou-se à carnificina. A paz trouxe perplexidade e apequenamento. Não era nem tampouco seria necessário – se os europeus tivessem conseguido elevar o nível de energia de suas sociedades em nome de todos os seus mais básicos interesses materiais e morais.

Considere-se a questão do apequenamento desde um ângulo particular: mesmo tendo nascido num país pequeno – e todos os países europeus são relativamente pequenos – é possível viver uma vida pródiga. A Noruega, por exemplo, é um país que se senta confortavelmente num coxim de rendas de petróleo. Ela tem espaço de manobra, como o têm – relativamente ao resto do mundo – as mais prósperas sociedades europeias. O governo norueguês poderia ajudar a preparar os elementos mais dispostos de seu povo para formar uma elite internacional de serviços, tomando o mundo inteiro como horizonte para um largo círculo de atividades empresariais, profissionais e filantrópicas. Na persecução de um tal projeto, os noruegueses teriam muito o que extrair da própria experiência nacional. O governo – nos termos dessa solução cartaginesa – agiria como um capitalista e um instigador, contribuindo para gerar o grande esquadrão de organizações que formaria a linha de frente do trabalho de preparação e apoio. De volta para casa, transformados por suas experiências mundiais, esses missionários da ação construtiva mudariam o curso e o sentido da vida nacional. É simplesmente um exemplo, entre muitos, de como um problema supostamente exterior ao alcance da reforma pode, de fato, ser trazido para seu âmbito.

A direção de um programa que ultrapasse as fronteiras da social-democracia, em todos os três sentidos que descrevi, é clara. Os reformadores da social-democracia europeia não se enganaram em sua esperança de reconciliar flexibilidade econômica com coesão social e inclusão. O erro foi ter aceitado a estrutura institucional estabelecida como modelo para tal reconciliação. Eles continuam a convocar a calamidade em apoio à reconstrução.

Seu dogmatismo institucional contribuiu para impedi-los de identificar e de construir uma base majoritária para uma transformação da sociedade que, embora gradual no seu progredir, pode ser revolucionária em seu desfecho. Para impedi-los de ir ao encontro do sonho popular de prosperidade modesta

O que a esquerda deve propor

e independência pessoal, em termos próprios, provendo-o de ferramentas para se reinventar numa forma mais aventurosa e magnânima. Acima de tudo, aquele dogmatismo atrofiou sua visão dos ideais a que suas propostas podem – e devem – recorrer.

As forças com maior chance de alcançar e manter a predominância política, no futuro próximo das sociedades avançadas, são aquelas que – na direita, no centro ou na esquerda – mais persuasivamente se associarem à causa da experimentação incansável e da energia. Importa, para o futuro dessas sociedades, que elas sejam, também, forças comprometidas com a crença de que a liberdade de alguns depende da emancipação de todos.

CAPÍTULO 9
ESTADOS UNIDOS: ESPERANÇA PARA A PESSOA COMUM

Supõe-se que não exista uma esquerda nos Estados Unidos – ao menos não no mesmo sentido, ou com a mesma força, em que há uma esquerda no restante do mundo. No entanto, é vital transformar o debate sobre o futuro da esquerda num debate americano.

É vital, em primeiro lugar, porque os Estados Unidos não são somente o poder predominante no mundo, mas, também, um poder que não está em contato imaginativo com o restante da humanidade. Os grandes debates ideológicos que agitam o mundo parecem fantasias distantes e perigosas, quando repassados nos Estados Unidos, diversamente do que ocorria com as disputas ideológicas oitocentistas, que ecoavam dentro da Grã-Bretanha. Há uma propensão dos americanos a considerar que o restante do mundo vai definhar na pobreza e no despotismo, caso não se torne mais parecido com os Estados Unidos. Essa falta de imaginação é fonte de um perigo imenso. O único modo de corrigir isso é os americanos reconhecerem a similaridade fundamental entre a sua situação e a de outras sociedades contemporâneas – similaridade no âmbito dos mais urgentes problemas, tanto quanto no caráter das soluções mais pertinentes.

É vital, em segundo lugar, porque a distinção entre as duas caras que o mundo rico tem mostrado ao restante da humanidade está perdendo rapidamente a nitidez. Enquanto a social-democracia europeia esvazia sua agenda histórica à procura de uma suposta síntese entre a proteção

O que a esquerda deve propor

social de estilo europeu e a flexibilidade econômica à americana, torna-se mais fraca a esperança de tomá-la como ponto de partida para o desenvolvimento de uma alternativa de interesse mundial. Aumenta, assim, a importância de estabelecer os princípios de uma alternativa dentro dos Estados Unidos.

É vital, em terceiro lugar, justamente porque os Estados Unidos não são apenas o poder hegemônico no mundo, mas também o poder cujos interesses e crenças dominantes são mais intimamente associados com a forma emergente da ordem global. A globalização tem sido, em grande parte, sinônimo de americanização, não só no campo das forças econômicas e do poder político, como nos domínios de ideias e ideais.

Uma concepção da vida humana e de suas perspectivas tomou conta do mundo. É a mais poderosa religião da humanidade, hoje. Essa religião encontra-se no centro das aspirações históricas da esquerda. E nenhum país se identifica mais com esse credo do que os Estados Unidos. Como pode ser que o país mais completamente identificado com uma doutrina central para a esquerda, seja o único em que não se espera haver esquerda?

A resposta é que os Estados Unidos aceitam a religião numa forma truncada ou pervertida. Porque se encontra no poder preponderante no mundo, essa heresia americana – e sua correção – diz respeito a todos nós.

A religião da humanidade apresenta o eu como entidade que transcende o contexto. Incapaz de ser contida no interior de qualquer estrutura – mental ou social – limitada. Não satisfeita em se rebelar ocasionalmente, quer moldar um princípio que torne a rebelião permanente e a transforme em integrante da vida social, sob a forma de um contínuo refazer experimental.

Nenhum ordenamento institucional abriga todas nossas aspirações. O que mais se aproxima de uma ordem tão abrangente é a combinação de pluralismo experimental – direções diferentes – com autocorreção experimental – cada direção sujeita à condição de facilitar a própria revisão.

O objetivo é a criação de um eu que seja menos o brinquedo de circunstâncias acidentais e a marionete da rotina social compulsiva; um eu mais à semelhança divina. Esse eu é capaz de imaginar e aceitar outros eus como

Estados Unidos: esperança para a pessoa comum

os agentes contexto-transcendentes que eles realmente são. Ele pode experimentar uma forma de fortalecimento não maculada pelo exercício da opressão e pelas ilusões da preeminência. Para esse fim, a sociedade precisa equipar o indivíduo – cada indivíduo – com os instrumentos econômicos e educacionais para se erguer e se fazer mais à semelhança divina.

Na religião contemporânea da humanidade, a fé na autoconstrução caminha junto com a fé na solidariedade humana. Em seu limite extremo, é a convicção visionária – desfigurada, mas não destruída, pelos terrores da vida social ordinária – de que todos os homens e todas as mulheres estão atados, juntos, por um invisível círculo de amor. Na sua forma mais prosaica, é o *insight* histórico de que os benefícios práticos da vida social nascem todos da conexão e da cooperação.

Essa forma de cooperação será tão mais produtiva quanto menos amarrada às restrições de qualquer esquema estabelecido de hierarquia e divisão social – e mais bem-sucedida em moderar a tensão entre os imperativos da cooperação e da inovação. Cada inovação – técnica, organizacional ou ideológica – coloca em risco o sistema presente de cooperação, pois ameaça subverter o regime social de direitos e expectativas, no qual as relações cooperativas se acham engastadas. Devemos preferir o modo de organizar a cooperação que minimize essa tensão. Esse modo será, geralmente, um que torne as dotações e os equipamentos dos indivíduos independentes dos acidentes de seu nascimento e das particularidades de sua posição; que rejeite toda predeterminação social e cultural de como as pessoas podem trabalhar conjuntamente; e que encoraje a disseminação do impulso experimentalista, subordinando a confrontação com o inesperado à criação do novo.

A mais preciosa forma de conexão vai permitir que as pessoas diminuam o preço da dependência e da despersonalização, preço este que temos de pagar pelo engajamento com outros. A autoconstrução depende de conexão – e a conexão ameaça nos emaranhar em armadilhas de submissão e nos roubar a própria distinção que podemos desenvolver apenas graças a ela. Há um conflito entre as condições que possibilitam a autoafirmação. Reduzir esse

O que a esquerda deve propor

conflito é tornar-se maior e mais livre, não pelo viver apartado, mas pelo viver junto, aprofundando, ao mesmo tempo, a experiência da autopossessão.

Tal é o duplo evangelho da divinização da humanidade, em nome do qual a tocha tem passado – e continuará a passar – para cada império no mundo. Essa é a mensagem que deveria para sempre morar no coração do trabalho da esquerda. Ela só pode avançar através do refazer de nossos arranjos e de nossas sensibilidades. Ela tem sido central à democracia americana e à globalização a que a hegemonia americana é associada – e, ainda assim, naquela democracia e naquela globalização, deformada e diminuída.

Um aspecto da perversão está no fracasso em reconhecer até que ponto a estrutura institucional da sociedade está aberta à revisão e até que ponto ela cerceia o que as pessoas entendem ser seus interesses e ideais. Um mito constante da civilização americana tem sido a suposição de que, ali, cedo se descobriu a fórmula básica de uma sociedade livre, a ser ajustada apenas raramente, sob pressão de uma emergência nacional. Os três grandes períodos de efervescência institucional, nos Estados Unidos, foram o tempo da independência, o tempo da guerra civil e o tempo da depressão e do conflito mundial de meados do século XX. Apenas então o país se sentiu parcialmente desacorrentado da superstição institucional.

O fetichismo da fórmula institucional, inteiramente manifesto no culto à Constituição, é uma instância extrema do conformismo, que agora ameaça seduzir o mundo inteiro e derrotar a meta essencial da esquerda. O mais alto preço que ele cobrou da democracia americana foi o fracasso em progredir na realização do mais persistente sonho americano – uma variante do que agora se tornou uma aspiração mundial.

Essa aspiração é o sonho de uma sociedade feita para os mais jovens: um país no qual homens e mulheres comuns podem se manter sobre os próprios pés – moral, social e economicamente –, alcançando um certo grau de prosperidade e independência, bem como recursos de julgamento independente e direitos iguais de respeito, que as sociedades passadas reservaram em grande parte a uma elite. Nas décadas iniciais da vida americana como país, esse sonho teve uma expressão tangível e imediata: apenas um em cada dez

Estados Unidos: esperança para a pessoa comum

homens brancos livres trabalhava para outrem. Um desempenho que, desde então, mostrou-se incapaz de impor sua marca nas forças que modelaram aquela sociedade.

Dois veículos carregaram o peso desse sonho na sociedade americana. O primeiro foi a defesa da pequena propriedade e do pequeno negócio contra a alta riqueza e o grande negócio. O segundo foi o apelo aos poderes regulatórios e redistributivos do governo nacional. Mas nenhum instrumento prevaleceu contra as consequências da segmentação hierárquica da economia. Nenhum foi suficiente para tornar o sonho real. Para levar o sonho mais adiante do que aqueles dois veículos podem ir, seria necessário refazer as instituições políticas e econômicas do país – e fazê-lo sem a ajuda de uma crise. Uma reforma que o vício do fetichismo institucional nega à democracia americana.

A outra perversão da religião da humanidade, em meio aos americanos, está na imaginação do vínculo entre autoconstrução e solidariedade. Se as tendências predominantes da consciência, na vida americana, têm compreendido a medida em que a sociedade pode ser reorganizada, têm também exagerado a extensão em que o indivíduo pode se salvar sem a necessidade de ser salvo graças a outras pessoas. Um pequeno Napoleão que toma a coroa, coroando-se a si mesmo, tem sido a ilusão que perpetuamente os seduz.

A essa miragem de autoconfiança desdobrando-se em autossalvação, os americanos devem sua oscilação característica entre um individualismo extremo e um igualmente extremo coletivismo (opostos na aparência, mas, de fato, faces reversas um do outro); sua atração pela distância média da pseudointimidade e da afabilidade agradável nas relações sociais (como os porcos-espinhos de Schopenhauer, que se movem desconfortavelmente entre a distância na qual se esfriam e a proximidade em que se espetam); e sua infindável busca por caminhos para negar a fragilidade, a dependência e a morte (mesmo ao preço de uma mumificação do corpo e da mistificação de sua verdadeira condição no mundo).

É essa ideia do eu e de seu desengajamento dos apelos formativos da solidariedade que o restante da humanidade – vaga, mas corretamente – vê

O que a esquerda deve propor

animar muito da fórmula institucional que os Estados Unidos procuram propagar pelo planeta e inserir nos arranjos da globalização. Deve-se resistir a essa ideia – e se resistirá – porque ela representa uma grossa e total desorientação na religião da humanidade.

Essa desorientação, no entanto, não tem impedido os americanos de se distinguir nas práticas cooperativas e de avançar, na vida econômica e social, no desenvolvimento das formas de cooperação aberta à inovação, das quais devemos esperar as maiores contribuições para o progresso prático da humanidade. A essa habilidade devemos creditar seu sucesso, num amplo círculo de circunstâncias, como o fizeram quando a guerra mundial exigiu que adotassem arranjos e práticas anatematizados por sua ideologia oficial.

Eles vivem sob a mais extrema hierarquia de classe das democracias ricas, embora sejam os primeiros a negar a legitimidade da divisão da sociedade em classes e o efeito devastador dessa divisão sobre a igualdade de oportunidades. Deixaram de equipar as massas de homens e mulheres comuns com os instrumentos da iniciativa e da inovação, mas retêm a fé nos poderes criativos das pessoas. Eles se rendem ao fetichismo institucional, mas somente conferindo a suas instituições uma escandalosa e dispendiosa dispensa do impulso experimentalista, que de outro modo permanece uma força tão poderosa em sua cultura.

Se apenas pudessem se libertar de sua idolatria institucional e imaginar mais verdadeiramente a relação do eu com o outro, eles realizariam seus sonhos mais plenamente, corrigindo-os no curso mesmo de sua realização. Muitas das barreiras intangíveis que os separam da vida imaginativa da época e do mundo se dissolveriam. Eles não continuariam a ser adversários da esquerda, mesmo que não se descrevessem como esquerdistas, pois teriam se reunido à corrente central do desenvolvimento da religião da humanidade. E é a combinação dessa religião com a disposição para renovar o repertório restrito dos arranjos institucionais, a que o mundo agora está confinado, que vem para definir a identidade e o trabalho da esquerda.

Estados Unidos: esperança para a pessoa comum

Hoje, o foco do problema, nos Estados Unidos, é a ausência de um sucessor do New Deal que seja digno de crédito. A construção institucional empreendida por Roosevelt, em meados do século XX, foi o equivalente americano do compromisso social-democrático e o último grande experimento – ainda que limitado em escopo e favorecido pela circunstância de crise – com as instituições do país. Embora o foco no desenvolvimento dos poderes regulatório e redistributivo do governo nacional, antes que na democratização do mercado ou no aprofundamento da democracia, e na seguridade, antes que no fortalecimento econômico, não seja mais adequado às tarefas do dia.

O fracasso dos progressistas americanos em oferecer, dentro ou fora do Partido Democrata, uma sequência efetiva ao programa rooseveltiano, deixou-os impotentes para responder às grandes mudanças negativas que se abateram sobre a democracia americana a partir da década de 1960: desigualdade crescente em riqueza e renda e, mais importante, a desigualdade na remuneração do trabalho em diferentes níveis da hierarquia salarial; mobilidade intergeracional estagnada ou decrescente entre as classes sociais; redução da participação popular na política; diminuição do engajamento em atividades associativas mais amplas que o âmbito da vida familiar. Essas inflexões são variações americanas de mudanças comuns a todas as democracias ricas do Atlântico Norte.

Qualquer proposta da esquerda que possa falar aos mais urgentes problemas dos Estados Unidos tem de fornecer instrumentos para tais mudanças, fazendo da resposta a elas uma oportunidade para realizar e retificar o sonho americano. Tal resposta, por sua vez, deve ser informada por uma compreensão de como e por que as mudanças ocorreram. Considere-se o esboço de uma tal explicação. Ele inclui tanto o tempo lento da mudança cultural e econômica quanto o tempo rápido dos eventos políticos decisivos. Todos esses elementos – mesmo os episódios políticos unicamente americanos – são característicos de circunstâncias nas quais e contra as quais a esquerda tem de trabalhar em todo o mundo.

A mudança econômica lenta, que teve lugar ao longo da última parte do século XX, foi um aguçamento da segmentação hierárquica da economia,

O que a esquerda deve propor

acompanhando um deslocamento na organização da produção. Enquanto a produção em massa declinou, substituída, nos serviços e na indústria, por uma produção mais flexível e intensiva em conhecimento, a agenda eleitoral histórica dos progressistas, o trabalho sindicalizado, encolheu. As formas emergentes de produção estabeleceram um prêmio em dotações educacionais, que a classe profissional e comercial foi a mais apta em transmitir a seus filhos. As escolas de elite treinaram estudantes em práticas conceituais distintivas e habilidades sociais – espírito de equipe bem-falante e carisma pessoal, cuidadosamente escondidos sob a aparência de autodeprecação complacente. Essas práticas e habilidades eram estranhas aos mundos sociais e às escolas públicas da maioria da classe trabalhadora, com sua ênfase na alternância entre conformidade intelectual e organizacional no trabalho e na escola – e fantasia e rebelião extratemporais. A síntese da hierarquia de classe e do princípio meritocrático, que veio a caracterizar todos os países ricos, encontrava suporte, assim, nas tendências da produção e da educação.

Um deslocamento na consciência, não diretamente relacionado a essa mudança na produção, no entanto a acompanhou. Ao lado das narrativas neocristãs e pós-românticas da cultura popular de massa – com suas versões formulares de redenção por meio do engajamento e da conexão e de reparação e enobrecimento através do sacrifício e da perda –, um conjunto contrastante de temas ganhou espaço crescente. Nessa visão neopagã, exibida em jogos e nos *reality shows* da televisão popular, assim como em algumas das mais refinadas produções da alta cultura, o protagonista procura triunfar, com astúcia e tenacidade, num mundo arbitrário, privado de graça humana ou divina. Ele gira a roda da fortuna, em vez de embarcar numa aventura de autoconstrução baseada na aceitação da vulnerabilidade. No centro dessa orientação neopagã, há uma esperança indecisa: a esperança – central à religião contemporânea da humanidade – de que a transformação da sociedade e a transformação do eu podem avançar de mãos dadas.

Num cenário formado por essas mudanças na produção e na consciência, a direção política tomada pelos supostos sucessores de Roosevelt, nas décadas finais do século xx, seguiu a linha da menor resistência. Foi uma trilha

Estados Unidos: esperança para a pessoa comum

que contribuiu para agravar o efeito das mudanças anti-igualitárias e antissociais que estavam alterando o país – e para desorientar e desarmar as forças progressistas, em sua resistência àquelas tendências. Foi, também, uma direção que usou a aparência exterior do realismo e da prudência.

Sob a presidência de Lyndon Johnson – o tempo ao qual, numa compreensão tardia, podemos retraçar as inflexões –, cristalizou-se uma ortodoxia racial e social que contribuiu para a anulação dos progressistas. A confiança de Roosevelt em programas – como o Seguridade Social, reagindo aos interesses e ansiedades de ampla maioria da classe trabalhadora – foi substituída por "Guerra contra a Pobreza", que direcionou seus benefícios a uma minoria distinta de pessoas pobres e subverteu os aparelhos políticos às máquinas tradicionais da classe trabalhadora nas grandes cidades. Um equívoco que os arquitetos da social-democracia europeia tiveram o cuidado de evitar.

A opressão racial foi definida como um mal preliminar, a ser corrigido prioritariamente, antes de qualquer ataque à injustiça econômica e à hierarquia de classe. Essa ortodoxia que se autodenominou integracionista se tornou a base de programas, como o da ação afirmativa, antagonizando muitos que podiam ter participado de um projeto que respondesse às necessidades e às aspirações da maioria transracial da classe trabalhadora no país.

Nas décadas seguintes, três conjuntos de eventos conectados reforçaram o efeito inibidor dessas escolhas.

Um foi a tentativa dos progressistas de usar a política judiciária para evitar a política política. Essa burla inclinou a ênfase do projeto progressista em direção a reformas focadas em redefinições e realocações de direitos individuais, antes que em reconstruções da vida institucional. Eram as reformas que uma elite de reformadores judiciais poderia mais plausivelmente empreender, antes de emergir pelo balanço das forças políticas.

Uma segunda série de eventos esteve na federalização de uma agenda moral "modernista" (o aborto foi a questão decisiva), abraçada, em grande número, pelos seculares, os educados, os proprietários, em nome da causa progressista, mas desafiando a crença de muitos que eram necessários para levá-la adiante.

O que a esquerda deve propor

Uma terceira sucessão de eventos esteve no reaparecimento de um "fiscalismo financista de outra época" – a primazia da confiança financeira na conduta da política macroeconômica –, como sucessor de uma ortodoxia keynesiana que não tinha mais o que dizer sobre os desafios da época. Não se procurou subordinar a conquista da confiança financeira a qualquer esforço para mobilizar a poupança – de novos modos, com novos instrumentos – com a finalidade de servir à produção, à invenção e à inovação.

Esses meios-termos, retrocessos e desorientações reforçaram-se mutuamente. Seu efeito no aprofundamento das inflexões antidemocráticas – maior desigualdade econômica, mobilidade restrita de classe, menor participação política, esgarçamento das conexões sociais – foi selado pelo princípio de que a guerra prevalece sobre a reforma (a menos que requeira mobilização nacional total de pessoas e recursos, provocando experimentação institucional). Eles não foram reações inevitáveis, na política nacional, às mudanças culturais e econômicas que o país tinha atravessado. Mas apenas as respostas mais fáceis de dar, convertendo a falta de imaginação em destino.

Esse foi o pano de fundo de uma hegemonia conservadora, repetindo, em muitos de seus elementos e predisposições, a ascendência conservadora do fim do século xx.

O fulcro dessa hegemonia foi o sucesso da política governamental conservadora dos Estados Unidos em combinar o recurso aos interesses econômicos das classes endinheiradas com o apelo a crenças morais e ao ceticismo político da classe trabalhadora branca, fora das grandes cidades. Foi então que, tanto nos Estados Unidos como em muitos outros lugares do mundo, o programa dos progressistas se tornou o programa de seus adversários conservadores, com um desconto humanizador.

A resposta programática que a esquerda deveria propor a essa circunstância nos Estados Unidos tinha de começar com duas preliminares, redefinindo as pseudoprogressistas ortodoxias social e racial, formadas no fim do século xx. Essa resposta deveria trazer, em seu centro, uma economia política da democracia, democratizando o mercado pela remodelagem tanto das formas de produção (incluindo a relação entre governo e negócio) quanto das

Estados Unidos: esperança para a pessoa comum

condições de trabalho, e ser estendida por meio de inovações, encorajando a sociedade civil a se organizar fora do governo e do mercado, energizando a política democrática.

A primeira preliminar concerne à relação entre raça e classe. Houve quatro projetos principais para a reparação da injustiça racial nos Estados Unidos. A maior esperança de avanço reside numa certa maneira de combinar a terceira e a quarta abordagens, para ir além de ambas.

A primeira abordagem foi o projeto colaboracionista de Booker T. Washington,[1] formulado nas décadas que se seguiram à guerra civil. A solução proposta era ocupar uma posição segura, embora subordinada, na economia – a posição pequeno-burguesa do pequeno proprietário, do lojista, do artesão –, na base da distribuição de propriedades modestas e treinamento vocacional. O paradoxo, a um só tempo político e programático, é que mesmo um tal programa aparentemente modesto requer (ou teria requerido, no seu tempo) mobilização social e política em larga escala, que, uma vez deflagrada, teria demandado mais do que esta orientação poderia assegurar.

A segunda abordagem foi o projeto secessionista – retirada da sociedade americana e mesmo retorno à África. O que se provou um engodo. Embora tradicionalmente formulada em tom beligerante, contrastando com a brandura da estratégia colaboracionista, sua expressão prática foi a mesma: retraimento não numa terra separada, mas num exílio interno de pequenos negócios, sob uma liderança comprometida a impor, em nome da autoridade religiosa, normas pequeno-burguesas de respeitabilidade.

A terceira abordagem esteve no projeto integracionista, que trataria a injustiça racial como uma questão preliminar, distinta da injustiça de classe e anterior a ela. Sua mais característica expressão tem sido a ação afirmativa, mas seu trabalho mais fundamental foi a defesa de direitos civis para

---

1 Booker T. Washington (1856-1915), ex-escravizado, foi educador, líder afro-americano e um dos mais influentes porta-vozes dos negros de sua época. Fundou o Instituto Tuskegee, uma escola para negros no Alabama que daria origem à atual Universidade Tuskegee, e foi conselheiro informal dos presidentes Roosevelt e Taft.

O que a esquerda deve propor

minorias raciais. Sua incontestável realização histórica foi o estabelecimento de uma classe profissional e empresarial de negros.

No entanto, tal projeto se ressente de três defeitos. O primeiro é que seus benefícios acontecem na proporção inversa da necessidade que se tem deles: mais para a classe profissional e empresarial; menos para a classe trabalhadora, especialmente os funcionários públicos; e menos ainda para a subclasse. O segundo defeito está na separação entre a liderança negra e a massa dos negros pobres, acomodando-a na ordem existente como representantes virtuais daqueles a que são negados os frutos. O terceiro defeito é que o projeto fere os interesses materiais e morais da classe trabalhadora branca, que se julga, razoavelmente, vítima de uma conspiração de elites hipócritas e interesseiras, inclusive a elite dos que pretextam representar os oprimidos.

Confundindo a luta contra a discriminação racial com o avanço social e econômico de uma minoria racialmente estigmatizada, a ortodoxia integracionista não realiza nenhuma de suas metas com equidade. A alternativa é construir uma quarta abordagem. Uma abordagem reconstrutiva no tocante ao problema da raça – e para reconciliá-lo com o trunfo da abordagem integracionista: seu compromisso em superar o mal da discriminação com base na raça. A nota central da visão reconstrutiva é tratar os problemas de raça e classe como inseparáveis e implementar uma economia política que lide com os males produzidos pela combinação de ambos. Sua expressão preeminente na história americana foi o trabalho (de curta vida, 1865 a 1869) do Freedmen's Bureau (a Agência dos Libertos), ampliando oportunidades educacionais e econômicas sob o *slogan* "quarenta acres e uma mula".

A discriminação racial individualizada deve ser tratada como um mal distinto – e criminalizada. A promoção ativa do acesso a melhores escolas, a melhores empregos e a uma posição social mais alta deveria ser propiciada a partir de um "princípio neutro": o enredamento de um grupo de pessoas numa circunstância de inferioridade e exclusão, da qual elas não podem escapar por meios imediatamente disponíveis de iniciativa política e econômica. O critério fundamental deve, portanto, ser a classe, não a raça. Vai se

Estados Unidos: esperança para a pessoa comum

alcançar a raça por meio da classe, sem a mácula da inversão de benefício e necessidade, por conta do viés racial na composição da subclasse.

A raça pode figurar, sem contudo impor sua mácula. A combinação de diferentes fontes de inferioridade – em primeiro lugar, entre as quais, a classe e a raça – aumenta a probabilidade de que seja difícil escapar da situação de desvantagem. Essa conjectura, no entanto, deve ser testada na experiência; e só à medida que se revelar real, transformada em lei.

Se a mudança no tratamento da injustiça racial – e da relação entre raça e classe – é a primeira grande preliminar de um programa de esquerda, no idioma americano, para os Estados Unidos, a segunda é repensar como os progressistas devem encarar as agendas morais em conflito na sociedade americana. À entrada do século XXI, a questão do dia que mais provoca lutas e disputas é o aborto, como cem anos atrás o foi sua proibição. Tornou-se convencional chamar essas agendas de tradicionalista e modernista, religiosa e secular. De fato, cada uma delas expressa uma resposta à experiência contemporânea – e pode ser formulada tanto de forma secular quanto de forma religiosa.

A decisão dos progressistas não só de esposar a agenda modernista, mas também de reforçá-la por lei e poder federais, foi uma calamidade prática. Junto com a ortodoxia racial, ajudou a reduzir as chances de conquistar, para um projeto progressista nacional, o apoio da maioria suprarracial da classe trabalhadora.

Não foi, porém, apenas um erro tático. Foi também um equívoco de visão. Ambas as agendas em disputa eram deficientes, como portadoras da religião da humanidade. Uma revelava os preconceitos morais de um cristianismo que subordinou o coração à cartilha – e combatia ordens sociais e culturais que era dever de um cristão desafiar. A outra carregava a marca da gratificação e de um narcisismo sem coração, alheio ao impulso sacrificial de que depende toda esperança de divinização da humanidade. Se o esquerdista tem um interesse, não é o de reforçar uma dessas agendas contra a outra. É o de radicalizar o conflito entre ambas, na esperança de que dessa contenda possa resultar algo de mais profundo e verdadeiro.

O que a esquerda deve propor

O meio para isso, tanto tática quanto programaticamente, era fazer voltar aos estados a decisão sobre os pontos em conflito. O resultado quase certo seria a divergência no peso relativo que dariam a cada agenda, com o consequente aprofundamento do debate nacional. Com respeito ao tema mais clamoroso da agenda moral da época, as mulheres pobres, tendo de se deslocar de estados onde o aborto fosse proibido para os que o permitissem, seriam as maiores vítimas. O fardo, no entanto, poderia ser aliviado pelo simples expediente de organizar o transporte delas pagando por ele. É um pequeno preço para cortar um dos nós górdios que agora ameaçam golpear a causa progressista na América.

O coração de agenda de esquerda para os Estados Unidos tem de ser proposta em economia política. A questão central, como na reforma da social-democracia europeia, é democratizar a economia de mercado. Não pode ser a importação tardia, para os Estados Unidos, dos arranjos de uma social-democracia europeia que agora se acha embaraçada em sua terra de origem. Como no cenário europeu, esse projeto de democratização pressupõe mobilização de recursos nacionais para novas iniciativas produtivas. No limite, uma economia de guerra sem uma guerra. Nos Estados Unidos, bem como na Europa, um objetivo norteador deve ser a disposição para a inovação, alcançada por meios que assegurem o fortalecimento socialmente inclusivo, em vez de instrumentos que generalizam a insegurança e agravam a desigualdade. É o caminho para reverter as consequências da segmentação hierárquica da economia, nas circunstâncias reais dos países ricos do Atlântico Norte.

Os principais elementos para essa mobilização são: a elevação da arrecadação tributária apoiada em taxas regressivas a curto prazo, mas progressivas a longo, em seu efeito total, como consequência de seu lugar num programa mais amplo; o crescimento forçado do nível de poupança doméstica, especialmente por meio de reformas dos sistemas público e privado de pensão; e a criação de novos acoplamentos entre a poupança, privada ou pública, e a produção, ambas dentro e fora dos mercados de capitais, tais como estão organizados agora. Uma breve exposição desses tópicos será suficiente para esclarecer os pontos em que

Estados Unidos: esperança para a pessoa comum

as circunstâncias americanas diferem significativamente das europeias, com relação aos constrangimentos que impõem à realização de tais metas.

Nenhum programa de ativismo governamental, no campo do fortalecimento econômico, pode ser levado adiante, nos Estados Unidos, sem aumento na carga tributária. E nenhum aumento na carga tributária pode ocorrer sem fiar-se pesadamente na forma da tributação – a tributação do consumo orientada para as transações, na forma de imposto abrangente e uniforme sobre o valor agregado –, que é inequivocamente regressiva em seu efeito imediato. A tentativa de aumentar abertamente a tributação redistributiva provoca uma reação política e econômica que obscurece e interrompe seus proclamados propósitos progressistas. A aceitação a curto prazo de um imposto regressivo e neutro em seu efeito sobre os preços relativos, capaz de gerar mais receita com menor desgaste econômico, pode se justificar não somente se permite mais gasto social redistributivo, mas também e sobretudo se for parte integral de um esforço para democratizar oportunidades econômicas e educacionais. Em suas atitudes diante da tributação, os progressistas americanos precisam parar de se ajoelhar em frente de piedades redistributivas, que têm servido apenas para prejudicar resultados redistributivos. Não o podem fazer sem afrontar os riscos e paradoxos inerentes à ação transformadora.

Embora nenhum grande país, hoje, poupe menos do que os Estados Unidos, nenhum tem sido mais bem-sucedido em financiar novos empreendimentos. Mas em nenhum é mais evidente a relativa desconexão entre as trocas de posição nos mercados acionários e financeiros e o financiamento efetivo da produção. As medidas para a ampliação das oportunidades no campo da oferta, consideradas nos próximos parágrafos, deveriam vir acompanhadas de esforços para expandir o papel do capital de risco para além do terreno no qual se acostumou a operar. O princípio de tal expansão é sempre o mesmo: usar o mercado e entidades estabelecidas pelo governo quando possível, mas mimetizando o mercado – ou antecipando um mercado de capital mais amplo e plural do que o existente – quando necessário.

O que a esquerda deve propor

Se as realidades das relações econômicas americanas com o restante do mundo não forçam um aumento do nível da poupança doméstica, um projeto, como o que proponho aqui, vai exigi-lo. Esse aumento poderia ser alcançado por poupança compulsória, por meio dos sistemas público e privado de pensão, numa escala acentuadamente progressiva. Poderia ser garantido, também, por uma taxa que daria uma inclinação progressiva à tributação indireta do consumo: a tributação claramente progressiva do consumo individual, incidindo sobre a diferença na renda total e na poupança investida de cada indivíduo, para assim atingir o que deve ser sempre o alvo principal da tributação progressiva – a hierarquia dos padrões individuais de vida.

Democratizar a economia de mercado deve significar praticamente o mesmo nos Estados Unidos, na Europa e em outras ricas sociais-democracias contemporâneas. É um compromisso que requer iniciativas nos campos econômicos da oferta e da demanda.

É de tal ordem a variedade dos instrumentos de vitalidade econômica nos Estados Unidos – com sua antiga descentralização do crédito, sua disposição para o risco e a novidade, seus hábitos de engenho prático, sua ausência de barreiras significativas para começar novos empreendimentos –, que, por um aparente paradoxo, nenhuma iniciativa adicional mais ousada iria fazer diferença, nesta que é a mais desigual das economias avançadas. Aquilo que, com vistas ao cenário europeu, defini como meta máxima – usar os poderes do governo para propagar práticas experimentais avançadas de produção, fora de seu terreno habitual e privilegiado, e nos setores da economia intensivos em capital, tecnologia e conhecimento –, deveria ser tomado, nos Estados Unidos, como meta mínima.

O que os governos federal e estaduais americanos fizeram, no século XIX, para organizar o que se tornou o sistema de produção agrícola mais eficiente da história mundial – ajudando a firmar um sistema de competição cooperativa entre fazendeiros familiares, forjando instrumentos para o gerenciamento de riscos e franqueando o acesso a recursos e mercados –, são coisas que os governos devem agora retomar, em escala maior e com um outro foco. A escala deve ser o conjunto da economia industrial e de serviços. O foco, a

Estados Unidos: esperança para a pessoa comum

criação, por meio da ação governamental e coletiva, de equivalentes funcionais para as precondições da produção experimental avançada e a propagação da organização e das inovações técnicas locais que se mostrarem mais bem-sucedidas.

Esses equivalentes são necessários porque as precondições estão faltando mesmo na maioria das economias mais avançadas. Elas incluem a existência de organizações que selecionem e forcem a triagem e a ampliação de crédito; que adaptem tecnologia avançada a condições mais rudimentares; deem às pessoas acesso a uma educação contínua enquanto elas têm emprego e as reciclem quando não estão empregadas; que forneçam instrumentos para o efetivo gerenciamento de risco, quando tais instrumentos não estiverem prontamente disponíveis nas instituições mercadológicas existentes; e que apoiem redes de competição cooperativa, capacitando equipes de técnicos e empreendedores a reunir recursos e realizar economias, em escala e objetivo. A difusão das práticas locais mais bem-sucedidas é, por sua vez, mais útil quando estreita os laços entre setores avançados e atrasados da economia, engajando pessoas nos hábitos e métodos da inovação permanente e da competição cooperativa.

O agente dessa remodelagem institucional da economia de mercado não pode ser uma burocracia central dirigindo desde o alto. Deve ser um elenco de organizações sociais e econômicas, estabelecidas e fundadas governamentalmente, que emulem o mercado, em competição entre si e com o negócio privado padrão, com quadros remunerados por desempenho, medido pelos próprios mercados que ajudem a abrir.

Sua missão não é regular ou compensar.

É criar mercados de mais maneiras para mais pessoas. É da variedade de suas relações com as pessoas e as empresas com que lidam que se pode esperar pela eventual emergência de regimes alternativos de propriedade e contrato. A ideia, característica da economia de mercado, de livre recombinação será, assim, generalizada e radicalizada por ter sido trazida para dentro da armação institucional do próprio mercado. Em sua presente forma dogmática, o mercado destina a maioria dos homens e mulheres da classe

O que a esquerda deve propor

trabalhadora ao que crescentemente se torna uma espécie de trabalho precário e cansativo suficiente para proteger contra a pobreza, mas não para fortalecer e iluminar. Além disso, também condena o suposto pequeno Napoleão do sonho americano à frustração e à fantasia.

Nos Estados Unidos, bem como na Europa, essas intervenções progressistas no campo da oferta – menos a regulamentação do que a remodelagem do mercado – deverão ser acompanhadas de intervenções criativas no campo da demanda. No entanto, antes de tomar a forma de auxílio monetário e fiscal ao consumo popular, essa segunda ordem de iniciativas faria melhor em cuidar da posição do trabalho. Em nenhuma democracia, rica ou pobre, a posição do trabalho – sua participação na renda nacional, seu grau de segmentação interno, seu nível de poder organizado, influência e segurança – degenerou mais dramaticamente, nos últimos quarenta anos, do que nos Estados Unidos. É uma circunstância não somente injusta e enfraquecedora em si mesma, mas também subversiva de todos os demais aspectos de um programa como o que apresentamos aqui. Ela destrói o vínculo entre a acumulação de riqueza na sociedade e a capacidade do trabalhador comum de gozar os benefícios do crescimento econômico. Além disso, desperta uma ansiedade impaciente que tanto pode ajudar a direita quanto servir à esquerda.

Generalizar o princípio da participação nos lucros das empresas; fortalecer o poder de uma minoria organizada de trabalhadores para representar os interesses dos trabalhadores não organizados nos setores econômicos em que trabalham enquanto lutam para proteger legalmente os trabalhadores temporários; prover, com recursos públicos, oportunidades de educação vitalícia em capacidades genéricas, bem como em técnicas específicas de trabalho; disseminar, por meios públicos e privados, as mais avançadas práticas experimentais de produção, impedindo a concentração em vanguardas econômicas isoladas; subsidiar, por meio do sistema tributário, o emprego privado e o treinamento no trabalho dos trabalhadores mais pobres e menos preparados; e impor restrições jurídicas diretas ao agravamento da desigualdade de salários e lucros nas empresas – todos esses são exemplos de

Estados Unidos: esperança para a pessoa comum

instrumentos que, em suas consequências combinadas e sucessivas, podem ajudar a conter disparidades extremas na remuneração do trabalho e reverter o declínio da participação na renda nacional.

A democratização das oportunidades econômicas, nos Estados Unidos, atingiria efeito pleno somente dentro de um programa de aprofundamento da democracia americana. Esse programa deve incluir a reorganização da base econômica e institucional da ação voluntária e a energização da política democrática.

Nenhuma capacidade tem sido mais importante, para o sucesso dos Estados Unidos, do que a competência para cooperar. A antipatia dos americanos pelo privilégio de classe, mantida em presença de uma estrutura classista cuja força relutam em reconhecer, e a fé no poder de homens e mulheres comuns de resolver grandes problemas pelos efeitos cumulativos de um fluxo infindo de pequenas soluções, ajudaram-lhes a exceder, na destreza do trabalho em comum, sob regras e circunstâncias muito diferentes. As inflexões para baixo, incluindo o enfraquecimento da associação voluntária, ao entardecer do século XX, colocaram essa grande capacidade coletiva em perigo.

O fetichismo institucional, que sempre exerceu uma enorme influência nas crenças americanas, nos levaria a supor que o problema está apenas no espírito associativo, não em seu conteúdo institucional. Há, no entanto, um problema com esse conteúdo – e somente uma esquerda comprometida com a inovação institucional pode mostrar como resolvê-lo. Até que confrontem as inadequações do cenário institucional para a associação, os americanos continuarão a chamar o espírito – e ele continuará a não vir.

A base fiscal da ação voluntária deveria ser fortalecida. Um caminho para isso é reservar parte da receita tributária representada pela dedução caritativa de todas as contribuições filantrópicas. Essa parte reservada deveria ser canalizada para fundações públicas, inteiramente independentes de influência governamental, e gerenciada por pessoas representativas de diferentes correntes de opinião. Grupos voluntários poderiam recorrer ao apoio dessas fundações públicas, como fazem com as particulares. Os ricos não poderiam

O que a esquerda deve propor

passear em seus cavalinhos de pau pela filantropia privada sem ajudar a abrir um espaço para além da influência governamental e plutocrática.

O foco social da ação voluntária deveria ser aguçado. Nenhum foco é mais importante do que a responsabilidade de cuidar dos que necessitam. O princípio de que cada adulto deveria ter uma posição na economia solidária, assim como no sistema produtivo, cria um desafio imediato para a sociedade civil e a sua capacidade de auto-organização. A sociedade precisaria se organizar, fora do governo e fora do negócio privado, para desenvolver e aplicar esse princípio com o máximo de efeito, em novas formas de serviço público e associação comunitária. Seria uma expansão da tradicional aptidão americana para a cooperação, em nome da resolução coletiva de problemas.

Portanto, o aparato legal à disposição da ação voluntária precisa também ser ampliado. O regime tradicional de contrato e legislação empresarial pode não bastar. Como instrumento de associação voluntária, a lei privada pressupõe que a disposição para se organizar está sempre presente. E a lei pública estabelece o que se faz com a lei privada em termos compulsórios, impostos de cima para baixo segundo uma só fórmula.

O papel da lei social – nem pública, nem privada – seria o de estimular a sociedade à auto-organização, fora do governo e dos negócios, com o propósito de cumprir responsabilidades como a de organizar pessoas para cuidar umas das outras, além do círculo menor da família. A lei pode estabelecer, por exemplo, uma estrutura de associações de vizinhança, paralela à estrutura do governo local, mas dela totalmente independente. Assim, a sociedade local estaria duplamente organizada, dentro do governo e fora dele. Cada uma dessas formas de organização pressionaria a outra, sem duplicar o trabalho nem aceitar, em seus tratos, uma rígida divisão de funções.

Em tal programa, a reforma das bases da associação voluntária se complementaria com a reorganização das bases institucionais da política democrática. O culto da Constituição é o exemplo supremo da idolatria americana das instituições. Daí resulta a preferência de mudar a Constituição por sua reinterpretação, em vez de por emendas, como se qualquer

Estados Unidos: esperança para a pessoa comum

visão emergente das necessidades políticas das pessoas tivesse de permanecer oculta dentro do sistema constitucional, à espera de ser revelada por atrevidos oráculos da lei.

A ordem constitucional americana, no entanto, confunde deliberadamente dois princípios distintos: um, liberal; outro, conservador. O princípio liberal estipula que o poder seja fragmentado: dividido entre diferentes setores do governo e diferentes partes do Estado federal. O princípio conservador estipula que uma relação seja estabelecida entre o alcance transformador de um projeto político e a severidade dos obstáculos constitucionais que sua execução precisa superar. A intenção do princípio conservador é atrasar a política e estreitar a dependência entre mudança e crise.

Para os americanos, os princípios liberal e conservador parecem naturalmente e necessariamente conectados. Não são. É possível manter o primeiro e repudiar o segundo. Essa meta pode ser atingida pela combinação de dois conjuntos de reformas. Um seria destinado a erguer o nível do engajamento popular, organizado e sustentado, na política. O outro seria calculado para resolver, rápida e decisivamente, impasses entre os setores políticos do governo – envolvendo o eleitorado geral na ruptura do beco sem saída.

Esse segundo conjunto de reformas poderia incluir, por exemplo, o uso de amplos plebiscitos programáticos, precedidos de debate nacional e acordados entre o presidente e o Congresso. Tais inovações poderiam também proporcionar o direito a cada setor político, quando colocado diante de um impasse programático com outro, de convocar eleições antecipadas. Embora convocada por um, a eleição antecipada envolveria simultaneamente ambos os setores do poder. Assim, para exercitar o direito, o setor teria de pagar o preço do risco eleitoral. Por meios como esse – particularmente, se implementado no contexto de reformas que elevem o nível de mobilização política popular –, a lógica institucional do esquema de Madison seria revertida. De máquina de retardamento da política, tornar-se-ia máquina de sua aceleração. Em matéria de desenho institucional, pequenas diferenças podem produzir grandes efeitos.

O que a esquerda deve propor

O culto da Constituição e a incapacidade generalizada para reconhecer qualquer necessidade de apressar o tempo da política, na ausência de uma emergência nacional, convergiriam, nos Estados Unidos, para deixar sem apoiadores uma proposta como esta. O lugar para começar uma reforma política naquele país não é, portanto, pelo redesenho constitucional favorável à rápida resolução de impasses. É pela aceitação de reformas que incrementariam o nível de educação e engajamento cívico, diminuindo, ao mesmo tempo, a influência plutocrática sobre a política: elevar a temperatura, em vez de acelerar o tempo. Algumas dessas iniciativas proporcionariam o financiamento público de campanhas. Outras ampliariam o livre acesso, tanto de movimentos sociais organizados quanto de partidos políticos, aos meios eletrônicos de comunicação de massa, como condição para a concessão de licenças públicas, sob as quais o negócio da televisão e do rádio é conduzido.

Visto em seu conjunto, na combinação de todas as suas partes, tal projeto de redirecionamento e transformação dos Estados Unidos pode parecer excessivamente abrangente e ambicioso para resistir ao teste do constrangimento contextual. Mas ele é composto de elementos quase inteiramente familiares. O avanço em algumas de suas partes poderia ir muito longe, antes de se chocar contra os limites impostos por um fracasso no avanço de outras.

Esse programa se endereça a um eleitorado que ainda não existe: a maioria da classe trabalhadora capaz de transcender, em seus compromissos, divisões raciais e religiosas. No entanto, ele não toma como dada a existência desse eleitorado. Sua formulação em pensamento e sua promoção na prática ajudariam a trazer tal eleitorado à luz. O projeto ajuda a criar a base; a base permite ao projeto seguir adiante. A todos esses respeitos, apresentam-se problemas que não são unicamente americanos – mas típicos das dificuldades a serem encaradas pela esquerda, em qualquer sociedade contemporânea, mais rica ou mais pobre.

Nos Estados Unidos, como em qualquer outro lugar, tal projeto poderia ganhar vida somente no cenário de um amplo debate sobre a consciência. Nessa luta, seria necessário enfrentar a tendência americana de minimizar o espaço para alternativas institucionais – e de sobrestimar a possibilidade

Estados Unidos: esperança para a pessoa comum

de o indivíduo salvar-se por conta própria. Partidos políticos e movimentos sociais são instrumentos insuficientes para esse trabalho profético.

Na discussão dessas crenças, tomamos o espírito da nação como o objeto de atenção, dado que o Estado-nação permanece em terreno privilegiado para mudar, experimentalmente, a vida social. As qualidades características do povo americano são sua energia, seu engenho, sua generosidade, sua boa-fé prática, sua disposição para cooperar e seu senso de que alguma coisa falta em sua vida nacional e pessoal. Esse senso do que falta inspira seu esforço incansável e sua condoída busca por algo mais. Seus defeitos característicos são a idolatria de suas instituições, a recusa em reconhecer plenamente que a autoconstrução depende da solidariedade social, a propensão para se acomodar a relações de meia distância entre as pessoas – nem íntimas nem afastadas –, que lhes rouba a solidão sem lhes dar companhia, e a falta de imaginação. Não podem eles propor maior consequência a seus interesses e ideais se não encontrarem mais ocasiões propícias à disposição para cooperar e sacrificar-se, de que toda grandeza depende.

CAPÍTULO 10
A GLOBALIZAÇÃO E O QUE FAZER COM ELA

Tais alternativas para os países mais ricos e mais pobres exigem, no que diz respeito a um avanço, uma ordem global que não os suprima pelo próprio modelo. A globalização se torna, hoje, um álibi genérico para a rendição: cada alternativa progressista é escarnecida sob o argumento de que os constrangimentos da globalização a tornam inviável. A verdade, porém, é que, como as experiências contrastantes da China e da América Latina contemporâneas mostram, mesmo a presente ordem política e econômica global permite um amplo espectro de respostas efetivas. Além disso, não temos razão alguma para abordar o regime econômico e político global estabelecido em um toma lá dá cá. A questão nunca pode ser apenas: quanto de globalização? Deve também sempre ser: que espécie de globalização?

O objetivo principal é um pluralismo qualificado: um mundo de democracias. As diferenças na forma de organização e de experiência, em tal mundo, seriam limitadas somente pela exigência de que nenhuma sociedade que se proclame livre faria a reforma depender da crise, ou negaria, a indivíduos ou grupos dissidentes que nela possam surgir, o poder efetivo e o direito formal de desafiá-la. Esse poder e esse direito nunca estarão inteiramente assegurados, a não ser que o indivíduo seja livre para escapar da sociedade e da cultura em que nasceu. Maior liberdade para cruzar fronteiras nacionais e trabalhar no exterior não é apenas o mais poderoso equalizador de

O que a esquerda deve propor

circunstância entre nações. Ao ampliar a liberdade individual, ela fornece também um resguardo de última instância.

O papel das diferenças nacionais, num mundo de democracias, é representar uma forma de especialização moral: a humanidade pode desenvolver seus poderes e possibilidades apenas se o fizer em direções diferentes. Uma premissa de tal pluralismo qualificado é que democracia, economia de mercado e sociedade civil livre carecem de forma única, natural e necessária. Elas se desenvolvem por meio da renovação das instituições que as definem.

A reforma da globalização nunca será ofertada por uma elite internacional de reformadores a massas agradecidas e bem-comportadas de homens e mulheres comuns. Será o resultado de uma luta enraizada naquele que permanece o mais importante cenário da procura de alternativas: os Estados-nações e os blocos regionais do mundo. Para que uma tal reforma se realize, muitos países precisam tomar uma direção que os conduza ao conflito com as regras estabelecidas e os compromissos formativos da ordem global. É inverossímil que os constrangimentos impostos pela ordem presente impeçam um determinado país de dar os primeiros passos na busca de alternativas, como as que exploro aqui. Esses constrangimentos se tornarão intoleráveis, todavia, assim que tais alternativas forem levadas adiante.

Hoje, as sociedades com maior potencial para se converter em espaços de resistência podem ser os países continentais em desenvolvimento – China, Índia, Rússia e Brasil. Esses países combinam em si os recursos práticos e espirituais com que se imaginar como mundos diferentes. Sua vantagem, como agentes da transformação do mundo, no entanto, não é mais que relativa e circunstancial. Além disso, cada um deles foi recentemente inibido, por diferentes razões, nas respectivas capacidades de aproveitar o potencial para o desafio. Para ter êxito em suas tentativas de rebelião e reconstrução, eles necessitariam da ajuda não apenas um do outro, mas também de europeus e americanos de mentalidade internacional.

Reformas nos arranjos do regime político e econômico mundial devem, então, ser demandadas por Estados-nações que insistam em reconciliar seus experimentos rebeldes com um engajamento total no regime. As reformas,

108

A globalização e o que fazer com ela

por sua vez, facilitariam o progresso das heresias. É nessa interação entre desvio nacional e reconstrução global que hoje reside a esperança maior para a humanidade.

O programa dos progressistas para a reforma da globalização deveria incluir, ao menos, três elementos: o redesenho do regime de comércio global; o redirecionamento das organizações multilaterais – em particular, as instituições de Bretton Woods; a contenção ou transformação da ascendência americana.

O sistema emergente de comércio mundial está agora organizado sobre três princípios, que deveriam ser radicalmente revistos. O primeiro princípio toma a maximização do livre-comércio como a meta imperiosa do regime mundial de comércio. O quase ininterrupto recorde de dosagem e seletividade no livre-comércio, que acompanhou a ascensão de todas as mais ricas economias contemporâneas, é vista, pelos ideólogos do presente sistema, como uma orientação arcaica e equivocada. Em vez de tal abordagem qualificada, há uma tentativa de cristalizar, como lei inflexível do comércio, o que, na maior parte da história moderna, não foi mais do que uma doutrina controversa e contestada.

Corolário da maximização do livre-comércio é a minimização das oportunidades de optar fora das regras gerais de comércio. O Acordo Geral de Tarifas e Comércio (General Agreement on Tariffs and Trade, GATT) era pródigo em tais oportunidades. O regime da Organização Mundial do Comércio, que o substituiu, restringiu-as drasticamente.

A meta central do regime de comércio global deveria ser facilitar a coexistência de trajetórias de desenvolvimento e experiências de civilização alternativas, dentro dos amplos limites de um pluralismo democrático. O livre-comércio é um meio, não um fim. Não estará segura nenhuma economia mundial aberta que dependa da supressão do experimentalismo democrático, incluindo a experimentação com os arranjos institucionais, que definem tanto a democracia política quanto a economia de mercado.

Um corolário desse princípio contrastante é que os países deveriam gozar de ampla latitude em sua capacidade para optar pelo abandono das regras

O que a esquerda deve propor

gerais, desde que tais opções externas sejam negociadas na base de uma correspondente perda de acesso a mercados de outros países. Uma opção dessa natureza pode não se dar só no interesse dos países que a exercitem, mas no interesse de todo o mundo. Como Estados-membros da ordem global, o mundo inteiro tem interesse em se proteger de riscos, estimulando uma maior variedade de experiência nacional do que esse contraprincípio permitiria, se não fosse suplementado por direitos a opções externas.

O segundo princípio do presente regime mundial de comércio está no esforço para organizar o comércio mundial na base de uma visão particular, dogmática, de como uma economia de mercado deveria se estruturar. O resultado é a pressão para incorporar, nas regras do sistema comercial, as formas de contrato e propriedade hoje estabelecidas nas economias mais ricas – e proscrever, como subsídios proibidos, um amplo elenco de formas possíveis de coordenação entre governo e iniciativa privada.

Uma economia de mercado não pode criar as próprias pressuposições, incluindo suas pressuposições institucionais. Do ponto de vista da ideia abstrata de um mercado, é inteiramente arbitrário onde e como traçar a linha entre as permissíveis e as impermissíveis instâncias de associação entre Estado e empresas privadas. No entanto, as ideias confusas, que muitas vezes tomamos erroneamente por ortodoxia econômica, associam regularmente um modo particular de traçar essa linha com a natureza do mercado e as exigências do livre-comércio. Quanto mais estreito o espaço franqueado ao engajamento governamental na criação de novos tipos de mercado – dando mais oportunidades, de mais modos, a mais pessoas –, maior a probabilidade de que a distribuição de vantagem comparativa na economia mundial pareça um fato tão natural e tão difícil de mudar quanto a distribuição dos climas.

O princípio oposto, em que a alternativa deveria se basear, é uma recusa a incorporar, no regime do comércio global, as suposições de qualquer variante particular da economia de mercado, salvo suposições que possam derivar de direitos humanos básicos. O padrão aplicável de tais direitos deve evoluir à medida que a humanidade se torne menos tolerante com a opressão – e que a ordem global se converta num mundo de democracias. Essa evolução

A globalização e o que fazer com ela

refletiria, por exemplo, a pressão para universalizar padrões de segurança ocupacional, proibir o trabalho infantil, garantir o direito de organizar sindicatos e fazer greve e, mais amplamente, assegurar a participação democrática na vida nacional.

Dentro desses limites, o sistema de comércio não deveria se cristalizar em uma versão da combinação acidental de direitos a que chamamos propriedade. Nem deveria impor, em nome da ideia de propriedade intelectual, o modo de transformar inovações em ativos que venham a favorecer os países ricos. Não deveria proscrever, como subsídios proibidos, o uso do poder governamental para remodelar mercados nem para superar as inibições do atraso relativo. Iniciativas para abrir mercados não deveriam ser confundidas com alocações de recursos para substituir resultados de mercado.

O terceiro princípio em que o regime de comércio global repousa é um entendimento seletivo do que significa a ideia de uma economia mundial livre. Um sistema está estabelecido, sob o qual o capital é livre para percorrer o mundo, enquanto o trabalho permanece preso no Estado-nação ou em blocos de Estados-nações relativamente homogêneos, como a União Europeia. Chamam de liberdade essa falta seletiva de liberdade.

O princípio contrário deveria ser afirmado: capital e trabalho ganham juntos, em pequenos passos cumulativos, liberdade para cruzar fronteiras nacionais. Nada contribuiria mais para uma rápida atenuação das desigualdades entre as nações do que maior liberdade de movimento para o trabalho. Nada ajudaria tanto a acelerar a mudança que, embora desequilibradamente, vem há tempos acontecendo no mundo: a distinção moral e institucional – engajamento compartilhado na construção de um futuro compartilhado – substituindo a sucessão geracional como a base do que é uma nação.

Para todos os muitos problemas que o fortalecimento de um tal direito produziria – em particular, a ameaça à situação do trabalho nos países mais ricos e o perigo de uma resposta reacionária –, a resposta é sempre a mesma: progredir passo a passo. Licenças para o trabalho temporário têm de vir antes de dotações sociais plenas – e o direito de agregar deve ser balanceado pelo poder de excluir. A mudança de direção teria, contudo, impacto tremendo

O que a esquerda deve propor

no caráter da ordem mundial e na natureza de cada Estado dentro dela. A reforma do sistema de comércio global deveria ser acompanhada de uma reorientação das organizações multilaterais: em particular, das organizações originais do sistema de Bretton Woods – o Fundo Monetário Internacional e o Banco Mundial. Essas organizações – severamente (o FMI) ou brandamente (o Banco Mundial) – servem, hoje, de braços do programa com que os países mais ricos pressionam os mais pobres. E que os mais pobres aceitam apenas quando imprevidentes ou azarados a ponto de ter de depender de seus supostos tutores e censores.

Num período em que muitas alternativas em estratégia de desenvolvimento e ordem institucional florescerem, essas organizações podem ter razão para exercer uma pressão contrastante: procurar uma base de princípios e compromissos centrais comuns sobre a qual estabelecer uma economia global aberta num mundo de democracias. No entanto, numa situação como esta em que hoje nos encontramos – a ditadura da falta de alternativas –, seu papel principal tem de ser o de apoiar a emergência da diferença. Elas serão mais úteis à humanidade se atuarem de maneira contrária, procurando a convergência quando a divergência prevalece e a divergência quando a convergência reina.

Dever-se-ia estabelecer o princípio de que, na medida em que essas organizações têm responsabilidades universais, devem ter poderes mínimos. Por exemplo, o trabalho minimalista do FMI seria ajudar a manter a economia mundial aberta diante de crises ocasionais de balança de pagamentos e profundas diferenças de orientação. Longe de usar problemas como ocasião para impor uniformidade, organizaria – ou, em último caso, forneceria – empréstimos de curto prazo ou garantias de crédito para melhor apoiar a experimentação nacional.

No entanto, na medida em que as organizações multilaterais estão profundamente envolvidas – como banqueiros privados ou *experts* públicos – em assistir e ajudar a definir estratégias de desenvolvimento e agendas de reformas nacionais, deveriam servir ao pluralismo. O único caminho seguro para isso é se tornarem pluralistas elas mesmas. No exercício dessa formação de compromissos, deveriam ser fragmentadas em múltiplas organizações ou

A globalização e o que fazer com ela

transformadas em conchas ou redes, acomodando equipes rivais. Cada uma dessas organizações múltiplas ou dessas equipes se colocaria a serviço de diferentes agendas e estratégias.

Tal esquema poderia ser efetivamente implementado apenas se seu financiamento fosse em grande parte automático. Pode ser financiado, por exemplo, por uma sobretaxa mundial sobre o imposto mais comum e economicamente neutro, hoje, no mundo: o imposto abrangente e uniforme sobre o valor agregado. Se o mundo fosse sábio e justo o bastante para tolerar um grau moderado de redistribuição módica, tal sobretaxa seria calculada em três ou quatro índices, de acordo com a renda *per capita* do país. Chame-se a esta taxa do pluralismo: um imposto cobrado para apoiar o casamento do progresso econômico com o experimentalismo institucional.

Antes que uma pluralidade de poderes mais genuína emerja novamente no mundo, nem a reforma do sistema internacional de comércio nem a reorientação das organizações multilaterais serão suficientes para criar uma ordem global mais hospitaleira às alternativas democratizadoras. Para que tal pluralismo prevaleça, é também necessário conter a ascendência americana ou transformar seu caráter. Desde pelo menos a Segunda Guerra Mundial, todo governo americano tem lutado para submeter a precária estrutura da organização internacional aos compromissos ideológicos e às preocupações com segurança dos Estados Unidos. Toda administração americana tem estado por trás das cortinas das organizações internacionais e puxado suas cordas. Por cerca de cem anos, as metas inflexíveis da política externa americana têm sido exercer hegemonia indisputável no hemisfério ocidental – e impedir qualquer outro poder de consolidar sua posição regional, em qualquer outra parte do mundo, que o faça então capaz de tentar alcançar influência global. Melhor a hegemonia americana do que qualquer outra pensável no momento. Mas muito melhor não ter hegemonia alguma. Melhor ainda – ou especialmente –, para o povo americano, que se arrisca a trocar uma república por um império.

Os Estados Unidos são um poder revolucionário: sua concepção de seus interesses é tão ideológica quanto prática. Sua civilização representa uma

113

O que a esquerda deve propor

variação herética de algumas ideias centrais do Ocidente. Os americanos quiseram eximir as próprias instituições do impulso experimentalista que, de outro modo, prevalece em sua cultura. Eles têm acreditado que descobriram a fórmula de uma sociedade livre – uma fórmula a ser revisada apenas raramente e em face de extrema pressão. Eles congelaram, assim, a dialética – indispensável ao aperfeiçoamento da sociedade – entre instituições ou práticas e ideais e interesses. Com isso, menosprezam nossas obrigações uns para com os outros e exageram a capacidade do indivíduo para fiar-se, qual pequeno rei, só em si mesmo. Suas concepções de democracia política, de economia de mercado e de sociedade civil livre são expressões fiéis dessas crenças.

Toda a humanidade tem motivos para impedir que se imponha, em nome da liberdade, ao restante do mundo – e a seus patrocinadores, as prerrogativas de Constantino. Somente se circunscrevermos a força e mudarmos a natureza da influência americana, será possível criar uma situação mundial mais aberta às reformas nacionais e internacionais que representam, hoje, a esperança maior de um caminho para o futuro.

Como reconciliar um pluralismo mais amplo de trajetórias de desenvolvimento e experiências de civilização com o fato do predomínio americano? Negar o fato dessa predominância e se apegar à fantasia jurídica da igualdade das nações é renunciar ao trabalho de responder à questão.

Comparem-se três tradições de pensamento e prática internacionais na história moderna: a metternichiana, a wilsoniana e a bismarckiana.

A tradição metternichiana tem a ordem como seu compromisso formativo e o concerto de grandes poderes contra esforços de subversão como método preferido. Transformando a vantagem presente em direito investido adquirido, procura fechar as portas à revolução.

O propósito definidor da tradição wilsoniana é universalizar a autodeterminação nacional. No entanto, vê a autodeterminação nacional como um instrumento para a propagação de valores e instituições intimamente identificados com os grandes poderes – ou o grande poder – que sustenta o sistema estatal. Essa tradição favorece um pluralismo de poder por meio de seu

A globalização e o que fazer com ela

compromisso com a autodeterminação nacional. Mas não vê incompatibilidade alguma entre tal pluralismo e o compromisso de propagar instituições e ideais do poder ou dos poderes que a patrocinam. Seu principal método está no direito e na organização internacionais, suplementados por guerras que são, também, cruzadas ideológicas. Seu programa depende do feliz acidente da coincidência entre poder e direito; a ascensão dos Estados Unidos ao poder mundial é o suposto fato providencial em que seu raciocínio se fia. Ela é, portanto, incapaz de admitir qualquer contradição entre a defesa desse poder e os interesses da humanidade.

A preocupação principal da tradição bismarckiana é evitar a consolidação de qualquer hegemonia, particularmente por meio da guerra. Ela quer impedir qualquer um dos grandes poderes de marginalizar os outros, ou de forçá-los a escolher entre a guerra e a rendição. Abstraída de seu cenário histórico original, ela se define pela conexão a uma pluralidade de centros de poder e pelo ceticismo acerca da associação entre poder e ideologia. Para alcançar seus fins, procura atrair poderes maiores e menores para entendimentos partilhados e práticas de ação combinada. Seu método preferido é se concentrar em práticas que ficam numa zona intermediária entre a força (exercida por meio da guerra ou de ameaça de guerra) e o direito (ancorado na ideologia). Dessa fixação em terreno intermédio vem uma de suas maiores forças: a abertura para a correção à luz da experiência e da circunstância que se alterou.

A contenção da hegemonia americana, no interesse do pluralismo democrático, requer uma transposição e recombinação de duas dessas três tradições. Da tradição wilsoniana, deveríamos tomar o compromisso com a autodeterminação nacional e os direitos humanos, livrando-os do dogmatismo ideológico e institucional que convida à confusão entre o que um país prega e o que a humanidade necessita. Da tradição bismarckiana, deveríamos tomar o compromisso com a pluralidade de centros de poder e o esforço para fazer avançar esse compromisso por meio de entendimentos entre Estados, entendimentos articulados a meio caminho entre o direito e a força. No entanto, deveríamos aliviar esse compromisso com uma pluralidade de

O que a esquerda deve propor

poderes de qualquer relutância em definir limites morais e políticos para as diferenças nacionais toleráveis num mundo de democracias.

Neste espírito, imagine-se uma iniciativa político-diplomática fora do sistema relativamente estultificado das Nações Unidas. Sua relação com esse sistema seria uma relação aberta; na medida em que obtivesse êxito, ajudaria a trazer as Nações Unidas de volta à vida. Os parceiros básicos na iniciativa seriam a corrente de opinião internacionalista dentro dos Estados Unidos, a União Europeia e alguns dos grandes países em desenvolvimento (China, Índia, Rússia, Brasil). A iniciativa procuraria estabelecer um regime de relações entre os Estados Unidos e os poderes de nível médio, com as três seguintes regras operacionais.

Primeira regra: as questões principais de reforma e segurança internacional devem ser decididas por consenso entre os parceiros. O consenso é definido como uma marcante preponderância de opinião entre os Estados Unidos, a União Europeia e os países continentais em desenvolvimento. O autogoverno democrático não é uma exigência para a participação nessa aliança, mas também a ausência de progresso em direção à democracia não é compatível com a continuação do engajamento em seus assuntos.

Segunda regra: os parceiros dos Estados Unidos nessa aliança reconhecem o fato da ascendência americana, sem afirmar sua legitimidade. A implicação prática é que nenhuma ameaça aos interesses vitais de segurança dos Estados Unidos pode ser tolerada pela aliança. Reciprocamente, os Estados Unidos servem como cofiadores do regime multilateral.

Terceira regra: embora, no limite, os Estados Unidos sejam livres para agir segundo entendimento próprio de seus interesses de segurança, sempre que forem de encontro ao entendimento de seus parceiros na aliança, pagam um preço. Para limitá-lo, os Estados Unidos se aproximam o máximo possível do conjunto dos parceiros. Esse agrupamento de poderes menores contra os Estados Unidos é, no entanto, uma consequência de que a política americana sempre procurou, prioritariamente, evitar que tal acontecesse. Assim, o regime se beneficia de um mecanismo autoestabilizador.

A globalização e o que fazer com ela

Tal construção político-democrática representa uma tentativa de escapar do contraste perigoso entre o fato bruto da hegemonia americana e a ficção jurídica da igualdade dos Estados. Desenvolvendo instrumentos protolegais, antes que legais ou extralegais, ela tem um atributo vital: é capaz de evoluir.

No coração de tal regime, encontra-se uma transação. Por meio das vozes dos poderes menores, o mundo reconhece o fato, não o direito, da ascendência americana. E o faz em troca de um avanço em direção ao pluralismo global. Ansioso para escapar tanto dos perigos da anarquia quanto dos fardos do império, os Estados Unidos, por sua vez, aceitam um sistema que cobra um preço mais alto por ações unilaterais que os americanos levem a cabo, desafiando o entendimento multilateral.

CAPÍTULO 11
DUAS CONCEPÇÕES DE ESQUERDA

O que significa ser de esquerda hoje? Uma ideia preexistente deve ser realizada numa nova circunstância, por meio de um novo projeto. O novo projeto, por seu turno, requer a reinvenção da ideia preexistente.

Duas concepções de esquerda deveriam lutar, agora, pela primazia. Uma expressa a orientação da social-democracia institucionalmente conservadora e seu contínuo recuo diante da ambição transformadora, tanto nos países mais ricos quanto nos mais pobres. A outra anima, aprofunda e generaliza uma direção programática, como a esboçada nestas páginas.

A primeira das duas concepções prevalece, embora poucos de seus adeptos a reconheçam pelo que ela é. Ela tem duas partes: somente uma delas é regularmente explicitada; a outra, em geral, permanece nas sombras.

A parte que se explicita é o compromisso com a maior igualdade de recursos e de chances na vida, a ser alcançada sobretudo pela redistribuição compensatória, via tributação e transferência. A função principal dessa redistribuição, hoje, é atenuar os efeitos na segmentação hierárquica da economia sobre as desigualdades de renda – a preocupação primária é com a desigualdade de renda e de padrões de vida. O aparente extremismo do compromisso com maior igualdade coexiste com a estreiteza do resultado pretendido – maior igualdade de renda – e dos meios preferidos – correção retrospectiva via transferências governamentais.

O que a esquerda deve propor

A parte deixada na sombra, nessa concepção dominante de esquerda, são os antecedentes institucionais estabelecidos de vida econômica e social. Experimentos de remodelação institucional são associados às calamitosas aventuras políticas do século xx. A questão é adoçar o que já não sabemos como repensar e refazer. De acordo com esse ponto de vista, se há grandes mudanças institucionais a fazer, não sabemos quais são. Se sabemos, somos, contudo, impotentes para realizá-las, e fomos bem advertidos para temer os perigos de qualquer tentativa se quisermos introduzi-las.

Muitas das mais influentes filosofias políticas de hoje teorizam a combinação de igualitarismo redistributivo com ceticismo institucional ou conservadorismo. Ao fazer isso, conferem um halo filosófico à social-democracia. Os filósofos concordam, em sua maior parte, com o ponto final: a retificação do liberalismo clássico pela social-democracia redistributiva e institucionalmente conservadora. Eles discordam apenas acerca do ponto de partida: em que vocabulário esse dogma pietista e desesperançado se expressa melhor – e sobre que suposições melhor se assenta. Como tal representação poderia passar por pensamento?

Pode parecer estranho que um igualitarismo redistributivo – o qual, quando formulado abstratamente, aparenta radicalismo – possa coexistir com uma aceitação covarde dos arranjos estabelecidos. A aparente contradição, no entanto, revela o resultado real: os arranjos institucionais, intocados e incólumes, reduzem o igualitarismo teórico a seu tamanho. A medida de igualdade econômica, que de fato se pode alcançar, é a medida compatível com tais arranjos. Sabemos, por experiência histórica, que dotações sociais funcionam – mais para fortalecer do que para equalizar. Por mais que equalizem, seu efeito é ancilar a reformas que podem ampliar as oportunidades econômicas e educacionais.

O igualitarismo extremo e teorético dessa concepção do trabalho da esquerda, com o foco exclusivo na circunstância material, serve como um prêmio de consolação. Não podemos nos tornar maiores; então, deixem-nos ser mais iguais. A substituição inverte a relação que deveria existir entre o alargamento dos poderes humanos e o compromisso de diminuir

Duas concepções de esquerda

desigualdades extremas e cristalizadas, tanto de circunstância quanto de oportunidades. Capacitar todos para alargar aqueles poderes é a nossa razão maior para superar as desigualdades. Sabemos que estamos fazendo um bem pequeno, em troca de um certo mal, se nossos esforços para moderar as desigualdades servem apenas para tornar mais fácil, para nós, suportar a diminuição de nossos poderes.

Uma concepção alternativa do que significa ser de esquerda substitui ambos os elementos desse falso igualitarismo. Em lugar do ceticismo e do conservadorismo diante das instituições, coloca uma sucessão de mudanças institucionais e a prática da experimentação institucional. O ponto é rejeitar a escolha entre mudança institucional por atacado e humanização, por meio de redistribuição econômica e idealização legal, dos arranjos estabelecidos. O projeto que toma o lugar dessa escolha inaceitável é a democratização do mercado, o aprofundamento da democracia e o fortalecimento do indivíduo. A prática que toma seu lugar enfraquece o contraste entre engajamento num mundo e ação para mudar esse mundo, a fim de que melhor possamos desafiar e transformar ao mesmo tempo que nos engajamos.

A meta fundamental a que esse projeto e essa prática visam é nos fazer maiores – individual e coletivamente – e mais iguais, apenas na medida em que a desigualdade nos diminui e nos confina. O objetivo é menos humanizar a sociedade do que divinizar a humanidade: revelando-nos, fazendo-nos mais à semelhança divina.

O mais primitivo sentido desse impulso para divinizar a humanidade é o esforço para equipar nossa energia construtiva, diminuindo o contraste entre a intensidade de nossos desejos e a sordidez com que desperdiçamos nossa vida. O poeta Wordsworth descreveu o problema em seu panfleto "A Convenção de Cintra", mas não sugeriu a natureza da solução:

[...] As paixões dos homens (quero dizer, a alma da sensibilidade no coração do homem) – em todas as querelas, em todas as contendas, em todas as indagações, em todos os deleites, em todos os empregos que são procurados pelos homens ou impingidos a eles – transcendem incomensuravelmente seus objetos. A verdadeira

O que a esquerda deve propor

tristeza da humanidade consiste nisto – não em que a mente do homem fracasse; mas em que o curso e as demandas da ação e da vida só muito raramente correspondem à dignidade e intensidade dos desejos humanos – daí que, o que é lento para desfalecer, é facilmente posto de lado e ultrajado.

No entanto, há uma solução – ao menos em alguma medida e em certo sentido. Ela requer um conjunto sustentado de mudanças na organização da sociedade, assim como na orientação da consciência. Seus benefícios tocam nossos interesses mais fundamentais. Primeiro, em nosso interesse material de aliviar o fardo da pobreza, do trabalho penoso e da doença que pesa na vida humana – ela torna mais leve esse fardo pelo desenvolvimento das formas de cooperação mais hospitaleiras à inovação permanente. Segundo, em nosso interesse social de desatrelar as relações cooperativas das restrições da divisão social e da hierarquia predeterminadas. Terceiro, em nosso interesse moral de criar circunstâncias que nos capacitem melhor para reconciliar as exigências conflitantes da autoconstrução: viver entre outros sem perder o domínio sobre si mesmo. Quarto, em nosso interesse intelectual e espiritual de arranjar a sociedade e a cultura de tal modo que estejamos mais bem preparados para ser tanto *insiders* quanto *outsiders*, engajando-nos sem nos render.

O alargamento dos poderes humanos individuais e coletivos que deveríamos procurar e estimar está na combinação desses quatro interesses. Seus protagonistas e beneficiários são homens e mulheres comuns, e não uma elite de heróis, gênios e santos.

O ideal da igualdade joga um duplo papel em tal concepção: como uma pressuposição e uma exigência prática. Como pressuposição, igualdade significa que somos todos capazes de nos tornar maiores e mais semelhantes a Deus; as divisões dentro da humanidade são superficiais e efêmeras. Nações ou classes específicas podem ser pioneiras em descobertas, invenções ou arranjos que tenham valor para toda a humanidade. A especificidade, entretanto, pertencerá então mais ao enredo do que à mensagem.

Duas concepções de esquerda

Como exigência prática, igualdade significa evitar extremos de privilégio e privação: impedir que a transmissão hereditária de vantagens e desvantagens econômicas e sociais, através da família, modele decisivamente as chances de vida dos indivíduos. Significa, também, impor limites a benefícios que venham a caber a indivíduos, como resultado de dotes físicos e intelectuais herdados. Quanto e por quais critérios? Por nenhuma outra medida do que a avaliação – na circunstância existente – do perigo da armadilha do privilégio que se perpetua, contrastado com os benefícios da flexibilidade, do oportunismo, do livre experimento no projeto de democracia e divinização.

Tal avaliação terá todas as controversas e paradoxais características de ação e intenção em contexto. Qualquer tentativa de fixar uma rígida igualdade circunstancial, ou de adotar como princípio-guia a preferência por qualquer arranjo que produza maior benefício para os menos favorecidos, representará uma orientação errada. Uma tentativa dessas perverte o esforço que deveria estar diretamente no cerne do programa da esquerda: a luta para fazer do ordinário grande, não considerando nada como dado e remodelando tudo pouco a pouco e passo a passo.

Há um domínio no qual a combinação desses impulsos ganha maior clareza e significado: a reforma dos arranjos que definem democracia. A reimaginação institucional e o refazer da democracia representam mais do que apenas outro cenário para o experimento a serviço da grandeza. Reorganizam o domínio da vida social que mais influencia os termos nos quais podemos reorganizar todos os demais domínios.

O projeto de desenvolvimento de uma democracia de alta energia é terreno comum às propostas que a esquerda deveria esposar, hoje, para os países mais ricos e mais pobres. Ilustra, em seus aspectos mais gerais, a natureza do casamento entre os dois elementos que formam a segunda concepção de esquerda – a prática do experimentalismo institucional e o compromisso de tornar maiores as pessoas e as experiências comuns, ao dar amplitude e equipar a sua intensidade oculta.

A democracia, vista dessa perspectiva, não diz respeito apenas a autogoverno popular e sua reconciliação com direitos individuais. Democracia

O que a esquerda deve propor

diz respeito, também, à permanente criação do novo. As práticas coletivas para a permanente criação do novo constituem um ponto no qual nossos interesses mais básicos se encontram: nosso interesse material no progresso prático, nosso interesse social na subversão da predestinação por classe e cultura, nosso interesse moral na reconciliação das condições conflitantes da autoafirmação do indivíduo e nosso interesse espiritual no engajamento sem rendição.

Cinco temas se amalgamam na ideia, bem como na construção institucional, de uma tal democracia.

O primeiro tema é o desenvolvimento de arranjos que favoreçam um elevado, sustentado e organizado nível de engajamento popular na política. Política com conteúdo estrutural, hospitaleira à prática repetida da reforma radical na ausência de crise, tem de ser política de alta temperatura. Para ser fértil à causa da democracia e ao programa da esquerda, a política de alta temperatura deve ser institucionalizada, e não anti ou extrainstitucional. Para esse fim, os arranjos políticos devem favorecer quaisquer regimes eleitorais que encorajem o desenvolvimento de partidos políticos fortes, com perfis programáticos bem definidos. Devem assegurar aos partidos políticos e movimentos sociais organizados maior acesso livre aos meios de comunicação de massa, especialmente televisão e rádio. E devem enfraquecer a influência do dinheiro na política, provendo, por exemplo, o financiamento público de campanhas e restringindo, tanto quanto possível, o uso eleitoral de recursos privados. Em particular, devem proibir o uso de dinheiro privado para comprar espaço na mídia.

O segundo tema é a predisposição no sentido da rápida resolução de impasses entre setores do governo e o envolvimento do eleitorado nessa resolução. O ponto deveria ser transformar o governo constitucional numa máquina de aceleração – e não de retardamento – da política. Trata-se de uma preocupação de particular força, quando os arranjos constitucionais estabelecem um governo dividido, como o fazem sob o regime constitucional americano. A solução, então, é delinear meios que preservem a força plebiscitária da eleição direta de um presidente poderoso num grande Estado federal e, ao

Duas concepções de esquerda

mesmo tempo, equipem o regime com instrumentos para a rápida ruptura de becos sem saída na base do envolvimento popular: abrangentes plebiscitos programáticos, acordados por ambos os setores políticos, e eleições antecipadas, convocadas por um ou outro setor. Ao mesmo tempo que rompem impasses, esses instrumentos irão ajudar a fazer subir o nível da temperatura na política nacional.

Um sistema parlamentarista puro, sem separação de poderes, parece prescindir de ferramentas para a quebra de impasses. Embora tal sistema possa sofrer de um equivalente funcional do retardamento programado da política, que acompanha os governos divididos: se a sociedade é muito desigualmente organizada, o desenvolvimento efetivo da atividade política pode descambar para uma barganha inconclusiva entre interesses poderosamente estruturados. O remédio é insistir em iniciativas que levantem o nível da mobilização política organizada. É propagar, por amplos setores da sociedade, práticas avançadas de produção e aprendizagem, não permitindo que elas permaneçam retidas dentro de vanguardas isoladas. E também estabelecer a solidariedade social sobre o alicerce de uma responsabilidade universal de cuidar dos outros.

O terceiro tema é a determinação de resgatar pessoas de circunstâncias de desvantagem ou exclusão arraigadas, desde que elas sejam incapazes de escapar dali pelos meios de ação política e econômica de que podem, por si mesmas, prontamente dispor. Esse objetivo deveria ser perseguido tanto para remediar quanto afirmativamente.

Como solução, o propósito deveria ser levado adiante pelo estabelecimento de um setor de governo (sob separação de poderes) ou de uma agência estatal (onde não houver separação) equipado com recursos práticos e legitimação política, a fim de realizar uma tarefa para a qual o Legislativo, o Executivo e o Judiciário tradicionais estão mal preparados. A tarefa é intervir em organizações sociais particulares e práticas, que se tornaram pequenas cidadelas do despotismo, para reconstruí-las.

Afirmativamente, a finalidade seria trabalhar para assegurar a todo cidadão um suporte básico de recursos, tão logo a riqueza da sociedade – livre da

O que a esquerda deve propor

tolerância para com extremas desigualdades de circunstância e oportunidade – o permitisse. É matéria de circunstância e experimento se esse direito básico e universal irá tomar a forma de uma renda mínima garantida ou de uma herança social. Tal herança seria a conta de uma dotação social, com recursos financeiros, que o indivíduo poderia sacar em momentos decisivos de sua vida. A herança mínima garantida variaria para cima de acordo com os dois critérios de compensação ou recompensa especial por feitos demonstrados e compensação para *handicap* comprovado.

Com o privilégio de classe perdendo força, a sociedade deve tomar cuidado para não reforçar excessivamente as vantagens que resultam já de dotes naturais. Mas sem abraçar uma fórmula dogmática. Em vez disso, deveria multiplicar o elenco de excelências reconhecidas – e submeter, ao escrutínio cético, as razões práticas para recompensar uma excelência particular, em nome de um suposto benefício à sociedade (lembrando-se que a expressão de uma tal excelência é, provavelmente, ela mesma uma fonte de alegria e poder, não necessitando de maiores incentivos). É preciso avaliar essa razão para a recompensa quando ela resistir ao escrutínio, considerando-se o dano à textura da solidariedade social que possa ser provocado, seja pelo agravamento da desigualdade preexistente de dotes, seja pela inadequação de uma recompensa devida.

"Contra os talentos superiores de outra pessoa, não há defesa", escreveu Goethe, "senão o amor". O mais próximo equivalente do amor, na frieza objetiva da vida social, é a organização prática da responsabilidade de cuidar dos outros, alimentada pelo paciente desenvolvimento da capacidade de imaginar a experiência alheia. Informar e inspirar essa capacidade deve ser uma das grandes preocupações da educação sob a democracia.

O quarto tema é o compromisso de aumentar oportunidades para o desvio experimental em determinados setores e lugares. Nenhuma simples relação invertida subsiste entre uma capacidade fortalecida para fazer opções decisivas na política nacional e uma capacidade crescente, de determinados setores e localidades, para se mover em direções que divirjam das escolhas. Podemos ter mais de ambas, mas somente se renovarmos os arranjos

Duas concepções de esquerda

institucionais de ordenação das relações entre as partes do Estado nacional. É interesse de todos que a sociedade, enquanto percorre uma certa trilha, estimule o desenvolvimento de contrastes fortes ao futuro que ela provisoriamente escolheu. Por esse caminho, a sociedade se acautela enquanto opta.

Para esse fim, deveríamos nos libertar do preconceito de que todos os setores e localidades precisam gozar do mesmo e constante poder de variação experimental. Quando um suporte amplo e forte se desenvolve, em um lugar ou setor, para que este faça opções externas a algum aspecto do regime jurídico legal, a fim de tentar algo completamente diferente, o experimento deveria ser permitido, mesmo impondo um custo ao conjunto da coletividade. Permitido na medida em que a liberdade de opção externa seja submetida a posterior avaliação e confirmação na política nacional – e em que não seja usada para estabelecer novas exclusões e inferioridades, imunizadas contra o questionamento eficaz.

O quinto tema é o esforço crescente para combinar traços de democracia representativa e de democracia direta, mesmo nos maiores Estados. A democracia direta não suplanta a representativa – enriquece-a. Esse quinto tema reforça o primeiro: a elevação da mobilização política organizada. Além disso, intensifica a experiência de protagonismo que a esquerda deveria querer estimular em todas as instâncias da vida social.

A combinação de democracia direta e representativa pode ser promovida pelo engajamento efetivo de comunidades na formulação e implementação de políticas locais, ao largo da estrutura do governo local (por exemplo, através de um sistema de associações de vizinhança); pela participação popular organizada em decisões locais e nacionais sobre a extensão de variação experimental permitida na organização de empresas, nos regimes de contrato e propriedade e, portanto, nos termos em que o capital é alocado e recompensado; e pelo uso ocasional de plebiscitos programáticos abrangentes, precedidos de extensos debates nacionais.

Uma democracia de alta energia, marcada por essas cinco ambições, jamais emergirá simplesmente porque um círculo de ideólogos manobrou para persuadir a nação acerca de suas virtudes. Ela somente acontecerá quando as

O que a esquerda deve propor

pessoas entenderem que precisam de tal democracia para realizar a transformação social e econômica que desejam. Elas precisam querer muito mais forças e oportunidades do que desfrutam agora. Precisam entender que não vão tê-las dentro da camisa de força das instituições políticas estabelecidas.

Nenhuma surpresa que a necessidade de uma política democrática de alta-energia venha a ser mais visível nos países pouco desenvolvidos, que sofrem extremas desigualdades de oportunidades e se curvam sob o peso de instituições importadas ou impostas. Uma vida melhor para homens e mulheres comuns é o que as pessoas querem – e lhes é negada.

CAPÍTULO 12
CÁLCULO E PROFECIA

O avanço de alternativas como as aqui propostas equivaleria a uma revolução mundial. Mas não conduziria a uma revolução mundial na forma que – graças aos preconceitos do pensamento oitocentista e novecentista – costumamos associar à ideia de revolução: mudança súbita, violenta e total. A transformação seria gradual, peça por peça e, geralmente, pacífica. Seria todavia revolucionária em vários sentidos. Derrubaria a ditadura da falta de alternativas, sob a qual vivemos hoje – e o faria rompendo os limites do restrito repertório de arranjos da organização prática da sociedade, que é nossa mais vívida experiência de um destino coletivo. Combinaria, como toda mudança revolucionária, uma transformação política e uma religiosa: mudança nas instituições sob as quais vivemos e nas ideias sobre a humanidade que essas instituições encarnam. O mais importante signo de nosso êxito seria ter diminuído a dependência entre mudança e crise.

A dificuldade de reconhecer alternativas revolucionárias tais como elas são é consequência direta do hábito de confundir orientações com projetos. Um falso dilema paralisa o pensamento programático. Uma proposta distante dos modos presentes de fazer as coisas é escarnecida como interessante, mas utópica. Uma proposta próxima à prática estabelecida é descartada como factível, mas trivial. Carentes de uma concepção crível de transformação estrutural, caímos de volta no falso critério do realismo político: proximidade com

O que a esquerda deve propor

o existente. Falhamos em ver corretamente o que é um argumento programático: a visão de uma direção e dos próximos passos. Assim que mudamos de fato, ou reconsideramos em imaginação, nossas práticas e nossos arranjos, revemos também nosso entendimento de nossos interesses e ideais. Esse pensamento de baixo para cima e de dentro para fora desvela a ambiguidade no meio do dogma e a oportunidade, camuflada em meio às restrições.

A ideia de alternativas sociais permanece no interior do cadáver, em lenta decomposição, das grandes narrativas evolucionistas do pensamento social dos últimos duzentos anos, com suas hoje inacreditáveis crenças em sistemas indivisíveis sucedendo-se uns aos outros por força de leis inexoráveis. Tais narrativas, no entanto, foram sucedidas pelos modos de pensamento racionalizador, humanizador e escapista, que se estabeleceram nas humanidades e nas ciências sociais contemporâneas. Essas tendências de pensamento nos negaram uma base sobre a qual pensar programaticamente. Não deveríamos esperar ser providos dessa base por uma transformação na teoria, mas construí-la enquanto caminhamos, sob a disciplina de nossos esforços para definir e dar os próximos passos.

Um conjunto de propostas como as feitas aqui é uma arremetida à frente – à frente não apenas de como as sociedades contemporâneas são agora organizadas, mas também do que nosso entendimento presente nos permite dizer com segurança. E precisa extrair energia e autoridade de dois tipos distintos de apelo: um, o do cálculo; outro, o do visionário.

O apelo do cálculo é a interesses nacionais e de classe reconhecidos. Os dois mais poderosos desses interesses são a demanda pequeno-burguesa por independência e uma condição de prosperidade modesta, frequentemente identificada com formas tradicionais de pequenos negócios ou independência profissional, e o desejo universal de manter e desenvolver a distinção nacional, usualmente identificada com soberania. Os povos não podem realizar hoje esses dois conjuntos de interesses, em países ricos ou pobres, sem mudar as práticas e instituições que, até aqui, serviram como seus veículos. Não podem refazer esses veículos, no entanto, sem rever o entendimento de tais interesses.

Cálculo e profecia

O apelo profético se volta para uma visão da oportunidade humana irrealizada. Não é uma profecia que alguém tenha de inventar. Ela já se acha expressa na cultura popular romântica que o mundo inteiro abraça. O enredo dessa cultura são variações sentimentais, formulares, sobre temas da alta cultura romântica do Ocidente, em nenhum lugar mais plenamente articulada que no romance europeu. Os protagonistas acham-se e se desenvolvem, eles mesmos, em luta contra seu destino social. Mesmo quando fracassam em mudar a situação, têm êxito em mudar a si próprios. Descobrem que contam com infinitudes dentro deles – e se erguem para uma vida melhor. Eles não são tão ordinários, de todo; nem as marionetes infelizes que, à primeira vista, pareciam ser.

Numa direção, essa profecia fala ao desejo de coisas; de consumo e exuberância material. Franklin Roosevelt disse que, se pudesse colocar um livro nas mãos de cada criança russa, este seria o catálogo da Sears Roebuck. Se acumular coisas pode ser uma alternativa a contactar pessoas, as oportunidades dadas por um padrão material de vida mais elevado podem também servir de passagem à experimentação com um espectro mais amplo de possibilidades e poderes humanos.

Em outra direção, essa profecia dá voz a uma esperança mais alta. É a esperança de que a sociedade irá reconhecer e alimentar a capacidade criativa de homens e mulheres comuns; que, em consequência, problemas aparentemente intratáveis vão se render, um após outro, à ousadia do engenho; que a reforma da sociedade e da cultura irá livrar nossos esforços de autodesenvolvimento e cooperação do pesadelo de um rígido esquema de hierarquia e divisão social; e que nenhum de nós terá, portanto, de escolher entre rendição ao domínio e isolamento dos outros ou entre engajamento num mundo particular em seus termos e a preservação da última palavra, de juízo e resistência, para nós mesmos.

A base dessa esperança é uma ideia de nós mesmos. A ideia de que somos maiores do que todos os mundos sociais e culturais que construímos e habitamos. Que eles são finitos com respeito a nós e nós somos infinitos com respeito a eles. Há sempre mais em nós – em cada um de nós individualmente e em todos nós coletivamente – do que jamais poderá haver neles.

O que a esquerda deve propor

Nenhuma ordem social pode dar morada definitiva ao espírito humano assim concebido. No entanto, uma ordem será melhor que outra se diminui o preço de subjugação que temos de pagar para ter acesso ao outro. Uma ordem será melhor que outra se multiplica oportunidades para a própria revisão, atenuando, assim, a diferença entre agir dentro dela, em seus termos, e julgá-la de fora, em nossos termos. Uma ordem será melhor que outra se nos capacita a deslizar o foco de nossa vida daquilo que se repete para o que ainda não se presta à repetição: a perpétua criação do novo. Não a humanização da sociedade, mas a divinização da humanidade, é a mensagem dessa profecia.

É uma mensagem enigmática e impotente, enquanto permanecer desconectada das forças condutoras da sociedade e privada de ideias sobre os próximos passos a dar. De posse, no entanto, de tais conexões e de tais ideias, suas capacidades de subversão e reconstrução se farão irresistíveis.

Depois das aventuras ideológicas e institucionais do século XX, com seu terrível recorde de opressão em nome da redenção, boa parte da humanidade pode ter razão de estar cansada de propostas para reorganizar a sociedade. Pode preferir se resignar com pequenas vitórias na defesa de velhos direitos ou na obtenção de novas vantagens. A disciplina dos interesses e das ideias reinantes aliou-se a um ceticismo mascarado de realismo, criando, por todo o mundo, uma aparência de fechamento.

Esta sensação de um fim para as contendas institucionais e ideológicas é, porém, um engano nutrido por falta de imaginação. As interdependências do mundo abrem oportunidades para a reconstrução, ao mesmo tempo que impõem obstáculos a desvios da trilha prescrita. O significado de qualquer experiência nacional identificada como portadora, ainda que defeituosa, de uma mensagem poderosa acerca de alternativas pode agora ressoar pelo mundo com rapidez sensacional. Atos de desafio que parecem impossíveis podem, uma vez praticados, parecer inevitáveis.

Há duzentos anos, uma visão da capacidade de homens e mulheres comuns de erguer a si mesmos, para se tornar não somente mais ricos e livres, mas também maiores, tem se juntado à luta selvagem dos Estados, das

Cálculo e profecia

classes e das ideologias – e à força ampliadora de nossas invenções mecânicas e organizacionais – para incendiar o mundo inteiro. A nossos olhos incrédulos, incapazes de discernir seu brilho, a flama pode parecer extinta, ou visível apenas como reação, terror e fantasia. Ela, todavia, arderá novamente, com luz maior. Para que fim, nossas ideias e ações determinarão agora.

APÊNDICE
PREFÁCIO À EDIÇÃO ALEMÃ

Tradução de Maria Lúcia Oliveira

Este livro é uma proposta para mudar o mundo todo e cada parte dele, imediatamente, por meio de uma série de novos passos destinados a levar adiante o programa histórico da esquerda. É preciso levar adiante o programa, reinventando-o. Embora esse argumento esteja dirigido ao mundo inteiro, tem significado especial para a Europa e especificamente a Alemanha.

Aos olhos de grande parte da humanidade, a social-democracia europeia tem constituído alternativa ao modelo de vida social e econômico representado pelos Estados Unidos. Essa alternativa continua a exercer imensa atração, mesmo depois de ter sido progressivamente esvaziada de conteúdo específico em seu solo natal europeu. É do interesse de toda a humanidade, bem como da Europa, que as nações europeias continuem a representar para todo o mundo a imagem de uma via diferente. Elas estão deixando de fazê-lo.

A social-democracia europeia entrincheirou-se na última linha de defesa de altos níveis de direitos sociais, abrindo mão, um a um, de muitos de seus traços mais característicos, tanto ruins quanto bons. Os ideólogos desse recuo têm tentado disfarçá-lo descrevendo-o como síntese entre a proteção social no estilo europeu e a flexibilidade econômica no estilo americano.

Existem agora duas esquerdas europeias. Uma delas aceita esse recuo, seja com alacridade, seja com resignação. A outra tenta reduzir o ritmo da retirada, com pouca esperança de revertê-la. Esses dois movimentos de

O que a esquerda deve propor

opinião são adversários, mas são também aliados, cúmplices na mesma onerosa e desnecessária diminuição das ambições históricas da esquerda. A Europa precisa de outra esquerda.

Trata-se de esquerda cuja tarefa não poderá ser realizada dentro dos limites do arranjo institucional e ideológico que veio a definir a social-democracia no transcorrer do século XX. A base desse arranjo foi o abandono da tentativa de remodelar a política e a produção, aceitando em troca um poder forte que pudesse moderar a desigualdade e a insegurança econômicas por meio de direitos sociais e políticas redistributivas. A social-democracia europeia está se defrontando com problemas que não se podem resolver dentro desses limites.

É necessário basear tanto o crescimento econômico quanto a inclusão social num acesso mais amplo a práticas avançadas e aos setores vanguardistas da produção. Sem tal acesso ampliado, o crescimento econômico e a inclusão social continuarão baseados em medidas compensatórias. Tais medidas constituem um antídoto insuficiente para as profundas desigualdades e exclusões que resultam da divisão entre os segmentos mais avançados e os mais atrasados de cada economia nacional.

É preciso estabelecer uma solidariedade social sustentada pela real responsabilidade assumida por cada pessoa de se preocupar com as demais que se encontram para além das fronteiras da família. Sem essa conexão direta, é inevitável que a solidariedade social continue a depender do cimento inadequado das transferências de dinheiro.

Cabe-nos dar aos homens e às mulheres comuns oportunidade de viver vidas mais amplas, em vez de se utilizar do mecanismo terrível da guerra como meio de elevá-los acima da "longa pequenez da vida". Sem essa chance, a paz continuará a trazer estupefação e apequenamento.

Nem mesmo aquela parte do trabalho da social-democracia europeia que pode começar a ser realizada dentro dos limites das instituições existentes tem como ser completada dentro de limites tão estreitos. Dois desses empreendimentos que poderiam ser iniciados pela esquerda europeia serviriam como pontes entre o que precisa ser feito agora e o que deve ser feito em seguida – o esforço para lidar com os problemas enumerados nos parágrafos anteriores.

Apêndice

A primeira dessas pontes é a reorientação da política econômica. O keynesianismo vulgar não é a resposta – se é que o foi algum dia – para a pseudo-ortodoxia que hoje domina as finanças públicas europeias, domínio sacudido, porém não derrubado, pela crise de 2008/2009. Os problemas de reconstrução e oportunidade econômicas da Europa não podem ser resolvidos por uma política de dinheiro barato. No entanto, os sacrifícios necessários para alcançar o realismo fiscal tampouco devem ser usados, como tem ocorrido repetidamente na Europa, para atender aos interesses e aos caprichos dos mercados de capital. A ampliação do espaço de manobra pelo governo, alcançada por meio de sacrifício fiscal e disciplina monetária, deve ser usada, em vez disso, para mudar as próprias instituições financeiras. Por exemplo, o capital de risco público, conduzido conforme princípios de mercado descentralizados e competitivos e mobilizando certa parte da poupança da sociedade acumulada em sistemas de pensão, seguros e bancos, deve ser usado para investir em empresas *start-up* e assegurar a grupos de trabalhadores e empreendedores os meios tecnológicos e financeiros necessários para iniciar novos empreendimentos ou desenvolver os já iniciados.

A segunda dessas pontes é a reforma radical da provisão dos serviços de educação, saúde e bem-estar. Os europeus devem se recusar a escolher entre a provisão de serviços padronizados, massificados e de baixa qualidade fornecidos por burocracias governamentais e a privatização dos serviços públicos orientada para o lucro. Deve ser parte do papel do Estado treinar, equipar e financiar novos grupos e empresas na sociedade civil para que possam participar da provisão experimental de formas alternativas de serviços públicos. Além de monitorar esses provedores de serviços e intervir em casos de insucesso ou abuso, o governo deve experimentar com o novo e o difícil na provisão de serviços públicos. Quando for o operador direto de algum serviço, deve operá-lo de acordo com os padrões mais elevados, em vez de mantê-lo ao rés do chão. Sua abordagem à provisão de serviços públicos deve ter a ousadia que o experimentalismo exige.

O que une todos esses projetos – os que podem começar a ser alcançados dentro das fronteiras da moldura histórica da social-democracia europeia,

O que a esquerda deve propor

bem como aqueles já começando fora dessas fronteiras – é uma alteração tanto no método quanto na visão. A alteração no método é o esforço de renovar e ampliar o repertório de arranjos institucionais que agora definem as democracias representativas, as economias de mercado e as sociedades civis livres no rico mundo americano. A alteração na visão é a mudança de foco: trata-se de construir pessoas, e não apenas salvaguardá-las.

O ponto central de um programa para a reconstrução da Europa deve ser seu apelo a uma incansável energia construtiva. A maior realização histórica da social-democracia europeia – a gama de proteções sociais que ela tem fornecido aos cidadãos e trabalhadores comuns – deve ser posta a serviço desse projeto de empoderamento e libertação.

A social-democracia europeia não pode realizar esse trabalho dentro dos limites do acordo que a configura. O trabalho a ser feito demanda, ao contrário, que se desfaça esse acordo: a reorganização da vida econômica e, em última instância, da vida política. Medidas de alívio não são o bastante; o ponto principal é refazer.

Além disso, o avanço de tal projeto implica a reversão do princípio que até agora tem governado o desenvolvimento da União Europeia. De acordo com esse princípio, tudo o que tem a ver com a organização da sociedade e da economia está cada vez mais centralizado em Bruxelas, e tudo o que se refere aos recursos econômicos ou educacionais dos indivíduos permanece como prerrogativa dos Estados-membros ou de comunidades locais.

Para que o programa da outra esquerda avance na Europa, esse princípio teria de ser virado de cabeça para baixo. A principal responsabilidade do governo da União seria garantir a todos os seus cidadãos os recursos econômicos e educacionais necessários para levantá-los da desvantagem em que se encontram e fortalecer sua capacidade de iniciativa. Em contraste, os níveis nacional e subnacional da União desfrutariam a mais ampla liberdade possível para realizar experimentações com as formas de organização social e econômica.

Nenhuma das duas atuais esquerdas europeias está preparada para esse trabalho; ele se situa fora de seu horizonte de crenças, atitudes e experiências.

Apêndice

A Europa teria de criar outra esquerda, uma esquerda equipada com concepção clara de alternativas institucionais, finalmente desvencilhada do preconceito novecentista de que as alternativas aparecem, se é que aparecem de todo, na forma de súbitas e revolucionárias substituições de um sistema ("socialismo") por outro ("capitalismo"). A verdade é que essa fantasia se tornou um álibi para seu oposto. Se a mudança real é a mudança total, e se a mudança total é inacessível ou cheia de perigos, então tudo o que podemos fazer é humanizar um mundo que já não sabemos mais como reimaginar ou refazer.

Existe base social potencial para essa outra esquerda. Ela teria que reunir os *outsiders* do clássico acordo social-democrata – seja a pequena burguesia, sejam os pobres – e alguns dos interesses organizados, mas enfraquecidos, que forneceram à social-democracia europeia sua base histórica. Também seria necessário reverter o maior e mais decisivo equívoco cometido pela esquerda europeia no século XIX e início do XX, equívoco ao mesmo tempo estratégico e programático: a identificação da pequena burguesia como adversário.

Hoje, tanto na Europa quanto em grande parte do mundo, a maior parte dos homens e mulheres nutre o desejo de alcançar modesta prosperidade e independência, algo que tem sido tradicionalmente associado à pequena burguesia. Se, no sentido objetivo, a pequena burguesia continua a ser, como sempre foi, minoria, no sentido subjetivo – de forma de consciência e horizonte de aspiração –, é maioria.

A tarefa da esquerda não é combatê-los nem repudiar suas aspirações, mas ajudar a conceber e produzir os arranjos e ideias que possam resgatar essas ambições, livrando-as de sua estreita dependência das formas tradicionais dos pequenos empreendimentos e do egoísmo familiar.

Para a esquerda europeia, a construção dessa base representa uma mudança difícil e indispensável. Requer a antevisão de possibilidades não realizadas que possam vir em auxílio do frio cálculo dos interesses de classe. Demanda que a angústia a respeito da insegurança econômica que agora se espalha pela Europa não degenere em disputa entre incluídos e marginalizados na qual ambos provavelmente perderão.

O que a esquerda deve propor

Há dificuldade específica, maior que todas as outras, que se interpõe no caminho dessa mudança. O pensamento social moderno, inclusive as tradições intelectuais com maior influência sobre a esquerda, procuram uma lógica de desenvolvimento e transformação, supostamente imanente na história – um destino não escolhido –, que forneça a necessária e suficiente oportunidade de transformar. A teoria de Marx a respeito da sociedade e da história foi apenas o exemplo mais importante dessa busca. Tais ideias, no entanto, estavam equivocadas. Os estímulos poderosos para grandes mudanças vieram principalmente de traumas externos representados por colapso econômico e guerra. Em nenhuma parte do mundo essa verdade é mais evidente do que na Europa.

A direção que proponho neste livro tem como uma das metas mais importantes tornar a mudança menos dependente de crises. A dificuldade reside em que as inovações institucionais e ideológicas que poderiam promover essa meta são elas mesmas difíceis de serem produzidas sem a ajuda de traumas. O medo da insegurança econômica, mesmo que cada vez mais disseminado, pode não ser suficiente para causar os mesmos efeitos daqueles eventos terríveis que, no passado europeu, resultaram em transformação à custa de sofrimento.

Por essa razão, o cálculo de interesses, numa política de desencanto, não é o bastante. É necessário infundir calor à política: elevar e sustentar o nível de mobilização popular e combinar o discurso de interesses com o discurso de visões. Nem todos na Europa esqueceram como essa operação pode ser realizada: a direita tem mostrado, repetidas vezes, que sabe como fazê-lo, jogando com o medo. Será mais difícil para a esquerda fazer o mesmo jogando com a esperança. Ainda assim, é isso o que a esquerda tem que fazer se quiser cumprir sua tarefa.

Expressar nesses termos o problema do redirecionamento da esquerda europeia é cuidar para que transcenda a esfera da política partidária. Não se trata apenas de uma disputa sobre instituições e concepções existentes – é também uma luta a respeito de concepções de quem somos. Portanto, deve ser empreendida em todas as esferas da vida cultural e social, envolvendo todos os aspectos da política.

Apêndice

Um dos princípios da filosofia liberal clássica é a rigorosa divisão entre o direito e o bem na vida pública. De acordo com essa concepção, a ordem jurídica deveria buscar o mais alto nível de imparcialidade possível diante de visões conflitantes do bem. É uma ideia falsa. Nenhum ordenamento da vida social, baseado em instituições e práticas, pode ser neutro diante de diferentes formas de experiência – todo ordenamento desse tipo encorajará alguns tipos de experiência e desencorajará outros. A miragem da neutralidade serve a interesses e crenças enraizados no regime existente. E constitui obstáculo no caminho da alternativa verdadeira e vital a essa ilusão perigosa: a disponibilidade para experiências diferentes, para invenção, resistência e reconstrução, inclusive a reconstrução dos arranjos institucionais que definem uma democracia, um mercado e uma sociedade civil livres.

Em *Guerra e paz*, de Tolstói, Pierre Bezuhov olha para o céu e vê o cometa Halley: presságio da invasão de Napoleão e, com ela, da tempestade que arrancará as pessoas das rotinas que seguem como sonâmbulas durante toda a vida. O que é que ocorre quando – tanto para o pior quanto para o melhor – nossas existências acontecem de cair num dos longos intervalos entre as visitas do cometa?

Devemos todos nos rebelar contra essa nossa dependência de um cometa. Para os europeus, e para a esquerda europeia como um agente de sua autotransformação, o significado é claro. Eles precisam rejeitar a escolha entre um apequenamento humano de seu foco durante períodos de paz e uma selvagem ampliação de suas visões em tempos de guerra. Devem ter como princípio, em todas as áreas da sociedade e da cultura, a necessidade de encurtar a distância entre os atos corriqueiros que realizamos dentro da ordem social e cultural estabelecida e os atos extraordinários com que mudamos partes dessa ordem. Eles têm de desenvolver política que se liberte dessas duas categorias históricas opostas: tanto da política mobilizadora de maiorias energizadas que, pela combinação de líderes e catástrofes, são lideradas ou desencaminhadas para a reconstrução da vida social, quanto da política desmobilizante de cooptação e desencanto. Eles precisam aprofundar a política democrática, combinando traços de democracia

O que a esquerda deve propor

representativa e democracia direta. Eles precisam radicalizar a liberdade de combinar pessoas, ideias e coisas – a promessa central de uma economia de mercado – e transformá-la em liberdade de reinventar as instituições que definem o que seja uma economia de mercado. Eles precisam, acima de tudo, buscar equipar a vida corriqueira com os meios para, afinal de contas, não ser tão corriqueira assim.

Este livro traz mensagem a respeito da Alemanha e de seu futuro. Argumenta a favor de uma visão de possibilidades ampliadas num país cujos líderes e pensadores defendem e encarnam visão estreita da nação e de suas perspectivas.

Passou-se pouco tempo na Alemanha desde a ocorrência de eventos que desperdiçaram a oportunidade transformadora da Reunificação. Era uma oportunidade para reconstruir o Ocidente por meio de seu reencontro com o Oriente. Em vez disso, tornou-se uma ocasião para as elites de uma parte da Alemanha induzirem os alemães da outra parte à prostração e à passividade.

Durante os anos em que se desenrolou esse episódio calamitoso e revelador, a *intelligentsia* alemã traiu a Alemanha. Não a traiu por apoiar a maneira com que o Ocidente rico tratou o resto do mundo – muitos lutavam por algo melhor. Traiu-a por não usar a Reunificação como oportunidade para construir outro futuro nacional, compatível com as realidades da Alemanha, da Europa e do mundo.

A esquerda alemã, dentro e fora dos partidos políticos de esquerda e centro-esquerda, está dividida ao longo das mesmas linhas que descrevi quando me referi à Europa como um todo. Alguns dos mais influentes filósofos e pensadores políticos do país há muito adquiriram o hábito de promover o liberalismo anglo-americano e uma democracia social limitada, freada. Usam um vocabulário marxista-hegeliano e palavras de batalhas ideológicas exauridas para disfarçar seus novos atos de rendição.

No entanto, a Alemanha não precisa se curvar sob a ditadura da falta de alternativas que prevalece no mundo. Existem aspectos da vida nacional,

Apêndice

na organização de sua economia, na estrutura de sua sociedade e no caráter de sua cultura que conferem relevância especial à proposta apresentada neste livro.

O cerne da vitalidade econômica alemã não está em um punhado de grandes empresas que empregam uma fração mínima da força de trabalho alemã. Está nas inumeráveis pequenas e médias empresas, na vasta periferia de subcontratações e serviços que brotaram em torno dessa atividade produtiva descentralizada; está nas antigas tradições de trabalho artesanal que sustentam essa economia, em hábitos de disciplina e autossacrifício não totalmente perdidos, e no vigor de conhecimentos e habilidades que, a despeito da baixa qualidade de grande parte da educação na Alemanha, continuam a beneficiar a nação.

A questão é: que uso a Alemanha dará a esse legado histórico? Será que seu destino permanecerá atado ao futuro de indústrias declinantes de produção padronizada – a indústria convencional, chamada fordista? Ou ela se reinventará no modelo das práticas experimentalistas que se tornaram centrais para o avanço econômico? Tais práticas incluem a mistura de cooperação e competição, a atenuação da especialização extremada, a reconceituação da produção como inovação permanente, o uso das operações que aprendemos como repetir para conceber fórmulas e algoritmos que, por sua vez, consubstanciam-se em máquinas para transferir mais tempo e energia às atividades que ainda não são repetíveis. Será que essas vantagens e oportunidades permanecerão encapsuladas numa vanguarda relativamente insular, ligada por vínculos frágeis a outros setores da economia?

Os alemães não serão capazes de dar respostas afirmativas a essas questões sem que empreendam, tanto no âmbito de sua política quanto no de sua economia, a reconstrução da ordem econômica e das formas pelas quais governos e empresas se relacionam. A regulação dos negócios e das empresas feita por um governo que pretende atuar à distância, de forma neutra, assim como os regimes tradicionais de propriedade privada e contrato, são tão prejudiciais a essas metas quanto o são o dirigismo estatal e a supressão do mercado. Na Alemanha, como em outros lugares, a esquerda

O que a esquerda deve propor

deve se propor a reorganizar a economia de mercado, tornar as oportunidades econômicas disponíveis a mais pessoas e criar outras formas de acesso a tais oportunidades, em vez de se limitar a regular ou compensar, por meio de medidas retrospectivas de redistribuição, as desigualdades e inseguranças geradas.

Em todos os países do mundo, a maior parte das pessoas trabalha fora de grandes organizações. Em alguns países, especialmente nas democracias sociais escandinavas, os arranjos da vida política e econômica permitiram que os grandes interesses organizados do trabalho e dos negócios, sob o olho atento do Estado, criassem um modo parcialmente verossímil de representar os interesses tanto dos desorganizados quanto dos próprios membros. Na maior parte dos países, ninguém supõe que as grandes organizações sejam em nada diferentes do que parecem ser: os instrumentos organizacionais dos incluídos – amedrontados ou cobiçosos – que tentam manter suas posições contra todos os excluídos.

O que distingue a Alemanha nesse aspecto é que as grandes organizações retêm alguma medida de legitimidade sem, contudo, exibir nenhuma das orientações solidárias – responsabilidade pelos marginalizados – que poderiam justificar seu poder e sua autoridade. Portanto, o país precisa libertar-se do domínio absoluto dessas organizações. A meta não é afirmar o poder de um mercado que se supõe, falsamente, capaz de definir seu próprio arcabouço institucional. É atacar, por meio da reorganização da economia e da política, as divisões entre incluídos e marginalizados. A palavra de ordem deve ser oportunidade para todos – e meios de garantir a aquisição de capacidades por todos –, em vez de privilégio para alguns.

O que tem caracterizado a cultura alemã é a oscilação entre os extremos de subjetividade romântica e rebeldia, de um lado, e de rendição desesperançada ao mundo como ele é, de outro. A vida cultural do povo alemão está agora dominada, com toque de vingança, pelo lado antirromântico dessa polaridade. Muitos dos principais intelectuais alemães saudaram essa mudança como sinal de amadurecimento. É, na verdade, sinal de abdicação. O país inteiro foi levado a confundir desilusão com realismo. Ensinaram-lhe a esquecer que os mundanos são incapazes de mudar o mundo.

Apêndice

Os alemães nunca se deveriam ter contentado, no curso de sua traumática história nacional, em cantar acorrentados. O melhor de tudo é cantar desacorrentado. No entanto, é melhor cantar preso nas correntes do que deixar de cantar de todo; o desacorrentamento, nunca completo, não prossegue sem canto.

A solução para esse problema não é um retorno ao polo romântico da alternância entre romantismo e antirromantismo na cultura alemã. A solução é atacar a alternância em si e restabelecer a poesia da visão dentro da prosa da realidade.

Falha central do romantismo, em todas as suas formas, mas especialmente em suas manifestações políticas, é o desespero diante de estrutura e repetição. O espírito, o sentimento autêntico e a vida só podem existir, de acordo com a visão romântica, em interlúdios de rebelião contra a repetição, materializada nas compulsões de caráter – a forma endurecida do ego – e nas regras das instituições – as formas endurecidas de uma sociedade.

Ao contrário tanto da visão romântica quanto da antirromântica, podemos mudar nossa relação com os arranjos da sociedade e da cultura. Podemos criar mundo social e cultural que nos permita o engajamento sem termos de renunciar a nossos poderes de resistência e transcendência. É um projeto grande. Trata-se de velha história: na linguagem cristã, que o espírito se encarne no mundo, em vez de ficar flutuando, desencarnado, sobre ele. Expressa nesses termos abstratos, é uma história que pode parecer quase vazia. No entanto, pode adquirir, em contexto histórico particular, conteúdo programático explícito, ligado à luta em torno da forma de realizar os interesses que reconhecemos e os ideais que professamos.

Uma resposta promissora aos perigos e às ilusões do romantismo político não está, como as elites políticas, empresariais e intelectuais da Alemanha contemporânea levariam os alemães a acreditar, em buscar refúgio na dureza e na vulgaridade tornadas toleráveis pela falta de imaginação. A resposta é mudar o mundo, nosso mundo, pedaço a pedaço. Não podemos mudar o mundo sem mudar nossas ideias.

* * *

O que a esquerda deve propor

O leitor deve entender que este livro constitui pequena parte de um amplo programa intelectual: a batalha[1] contra o destino utilizando o pensamento, o esforço para dar novo significado e vida nova aos projetos de liberação individual e social que, nos últimos duzentos anos, têm sacudido e estimulado o mundo inteiro, e a luta para imaginar as formas que tais projetos podem e devem assumir para que tenham futuro.

Levei adiante esse programa intelectual ao propor alternativa radical, na teoria social, ao marxismo,[2] ao abordar o pensamento jurídico como instrumento da imaginação institucional,[3] ao propor alternativas institucionais para a organização da economia e do Estado[4] e ao desenvolver uma concepção filosófica da natureza e da humanidade segundo a qual a história está aberta, a inovação é possível e a divinização da humanidade tem mais importância do que a humanização da sociedade.[5]

Nenhuma influência sobre este corpo de pensamento tem sido maior do que a filosofia alemã, com exceção da influência, ainda maior, do

---

1 Grande parte do meu trabalho, publicado e não publicado, pode ser acessado pelo do site: www.robertounger.com.

2 Ver *Social Theory: Its Situation and Its Task,* Verso, 2004; *False Necessity: Antinecessitarian Social Theory in the Service of Radical Democracy,* Verso, 2001; *Plasticity into Power: Comparative Historical Studies on the Institutional Conditions of Economics and Military Success*, Verso, 2004.

3 Ver *The Critical Legal Studies Movement*, Harvard University Press, 1986; *What Should Legal Analysis Become?*, Verso, 1986.

4 Ver *Democracy Realized: The Progressive Alternative*, Verso, 1998.

5 Ver *Passion: An Essay on Personality*, Free Press, 1984, ou a edição alemã desse livro, *Leidenschaft: Ein Essay über Persönlichkeit*, traduzido por Michael Bischoff e S. Fischer, 1984; *The Self Awakened: Pragmatism Unbound*, Harvard University Press, 2007.

Apêndice

cristianismo. Este livro pode cair em ouvidos surdos na Alemanha de hoje. Nele, no entanto, um estrangeiro dirige-se aos leitores alemães em nome de ideais universais e com o apoio de ideias alemãs.

Pertenço à geração de 1968, que, em todo o mundo, esperava refundar a sociedade no molde da imaginação. Tenho procurado aprender com os desapontamentos e as derrotas, mas sem me desesperar. "Se o tolo persistisse em sua tolice", escreveu William Blake, "viraria sábio".

Janeiro de 2007
Revisado em agosto de 2009

ÍNDICE

A

aborto 91, 95, 96

ação voluntária 101, 102

Acordo Geral de Tarifas e Comércio
(General Agreement on Tariffs and
Trade, GATT) 109

Alemanha 56

América Latina
economia global 107
instituições da 23

aplicação do direito; *ver
também* antinomia entre normas
e valores;

B

Banco Mundial 112

Bismarck, Otto von 114, 115

Brasil

economia global 108

inovação e cooperação 56

Bretton Woods, instituições de 109,
112

C

China
economia global 107, 108
enredada na ditadura 62
inovação e cooperação 56
países ricos e 61
países ricos e 61
resistência aos EUA 23

ciências sociais
crenças deterministas 28,
29
justifica o *statu quo* 20, 21

classe 21, 22

O que a esquerda deve propor

apelo do cálculo para 130, 131

aspirações da pequena burguesia 48, 49, 50

desigualdade de oportunidades 57, 58

educação e 36

evitando privilégios 123

"Guerra contra a Pobreza", de Johnson 91

herança e meritocracia 47, 48, 49, 125, 126

nos EUA 88, 101

persistência de 47

relação com a raça 93, 94, 95

comunicação de massa 124

comunidade; *ver também* dilemas da política comunitária, dominação, o bem, grupo orgânico

consumo

"A Convenção de Cintra" (Wordsworth) 121, 122

intervenção progressiva 100, 101

Roosevelt e 131

cristianismo, questões morais 95, 96

cultura acadêmica

pobreza de ideias 20, 21

cultura popular, nos EUA 90

D

democracia

aspirações e oportunidades 49

convocando eleições 71

de alta energia 39, 40, 46, 70, 71, 72, 93, 127, 128

direta 72, 127

fracassos na Índia 61, 62

inovações 25

inventando o futuro 70

mundo globalizado e 108

nos EUA 86, 87, 88, 89, 101

países em desenvolvimento 62

pluralismo qualificado 25

redução da participação 89

reformando a Constituição dos EUA 103, 104

reimaginação institucional 123, 124, 125, 126, 127, 128

representativa 33, 72, 127

desigualdade

empoderamento igualitário 120, 121, 122, 123

desigualdades

apelo profético contra 131

globalização e 35, 109, 110, 111

instituições multilaterais 112, 113

Índice

nos EUA 89, 92, 96

no trabalho 38

resgatar pessoas de 125

vantagens de classe 57, 58

direita, partidos populistas de 46

direito; *ver também* aplicação do direito, legislação;

direitos humanos

autodeterminação wilsoniana 114, 115, 116

comércio global e 110, 111

E

economia

capacitação de países em desenvolvimento 62, 63, 64, 65

capital como livre e trabalho como fixo ao território 111

causas do crescimento 53, 54

colapso como mudança 20

descentralizada 67, 68, 69

disputas ideológicas 66, 67

elites econômicas 71

estatismo de esquerda tradicional 27

financiamento de produção 97, 98, 99

"fiscalismo financista de outra época" 92

luta contra a discriminação racial e 94, 95

orçamento interno 62, 63, 64, 65

ortodoxia universal da 23, 24, 25

ortodoxia universalizante 35, 36

produção de serviço 89, 90

regulamentação do mercado 36

social-democracia 75, 76, 77, 78, 79

subsídios governamentais 68

economia de mercado

demanda intervenção 100, 101

democratização da 34, 36, 37, 67, 68, 69, 79, 92, 96, 97, 98, 99, 100, 101

estilo europeu 73

EUA e 55, 56

globalização e 108

governo, organização e 99, 100

intervenção do lado da oferta 37, 38, 98, 99, 100

mudança institucional e 55, 67

O que a esquerda deve propor

oposição ao neoliberalismo 22, 23

países em desenvolvimento e 62, 63, 64, 65

radicalização da competição 70

redesenhando o comércio global 109, 110, 111, 112

seleção competitiva 67

versus ideologia de comando 66, 67

educação

capacidades conceituais e práticas 34

capacitação individual 58, 65, 66, 123

contínua 79, 99, 100

continuada 79

dissolver a classe pela 36

para a inovação 58, 79

para economia de serviços 89, 90

social-democracia 76, 77

escapismo 21, 29

esperança; *ver também* resignação

esquerda 30

aceitação institucional 120, 121

agenda moral e 95, 96

aliança com a pequeno- -burguesia 50

alternativa perdida 27, 28

alternativas 34, 35

crise e mudança social 31

eleitorado ausente 30

igualitarismo redistributivo 119, 120, 121

interesses coletivos 42, 43, 44

nos EUA 83, 88, 104, 105

possibilidades nos EUA 92, 93

reimaginação institucional 123, 124, 125, 126, 127, 128

sem uma crise 44, 45, 46

Estado-nação

autodeterminação wilsoniana 114, 115

convocando eleições 71

estatismo da velha esquerda 27

habilidade coletiva e 42

mudança e 130, 131

mudança institucional 123, 124, 125, 126, 127, 128

produzindo diferenças reais 51, 52

realismo fiscal 75, 76

redes 71

serviços públicos e 74, 75

Estados Unidos

autoconstrução e 84, 85, 86, 87

conservadorismo 92

Índice

crença na fórmula 113, 114

culto da Constituição 102, 103, 104

cultura popular nos 90

degeneração do trabalho 100

democracia nos 86, 101

democratização econômica 96, 97, 98, 99, 100, 101

desigualdade nos 92, 96

economia descentralizada 67, 68

eleitorado de esquerda 104, 105

estrutura de classe 101

federalização de questões morais 91, 95, 96

"fiscalismo financista de outra época" 92

fracasso no debate ideológico 83, 84

Freedmen's Bureau (Agência dos Libertos) 94

"Guerra contra a Pobreza", de Johnson 91

hegemonia dos 22, 84, 86, 109, 113, 114, 115, 116, 117

individualismo 91, 114

inovação e cooperação nos 56

programa rooseveltiano 89

relação entre raça e classe 93, 94, 95

religião da humanidade 84, 85, 86, 87, 88, 89

segmentação da economia 89, 90

status de superpotência 20

eu; *ver também* consciência, o bem, indeterminação, individualidade, objetividade, parcialidade, prática

Europa 22, 23

expectativas 73

impostos e segurança social 96, 97

política social e educacional 79

F

Fundo Monetário Internacional (FMI) 112

G

globalização

desigualdades e 35

direitos humanos e 110, 111

elementos da reforma 109

O que a esquerda deve propor

hegemonia norte-
-americana 22, 84, 86,
109, 113, 114, 115, 116
hierarquia salarial 69
interesse na reforma 107,
108, 109
internacionalismo
Metternich "Metternich,
Klemens von" 114
internacionalismo
Metternich/Wilson/
Bismarck 115, 116
organizações multilaterais
109, 112, 113
redesenho do regime de
comércio global 109, 110,
111, 112
segurança internacional
116
social-democracia e 73
Goethe, Johann Wolfgang von 126
governança institucional
ortodoxia universal 23, 24,
25
reconstrução da 40
governo local
democracia de alta energia
71
democracia direta 127
formulação de políticas 72
guerra 20

como alavanca de mudança
20

H

herança 126
herança familiar, riqueza 72
humanidade
divinização da 62, 80, 84,
85, 86, 121, 122

I

imanência; *ver também*
transcendência
Índia
economia global 108
fracasso democrático 61,
62
inovação e cooperação 56
instituições da 23
países ricos e 61
resistência aos EUA 23
indivíduo
individualismo americano
87
indivíduos
capacitação de 71, 72, 121,
122, 123
direitos de 91

oportunidades para 121

instrumentalismo (como um
aspecto da consciência liberal);
ver também normas, justiça
substantivas

J

Japão 56

Johnson, Lyndon 91

justiça; *ver também* justiça formal,
distributiva e substantiva

L

legislação, teoria da; *ver
também* liberdade

lei e justiça

ação voluntária e 101, 102

culto da Constituição 102,
103, 104

humanização 29

tradições internacionais
114, 115, 116

liberalismo 20

liberdade; *ver também* legislação
visão correta de; *ver
também* legislação

literatura, apelos proféticos 131

M

marxismo

dinâmica interna das
sociedades 20

mais-valia 69

mudança progressiva 54

na China 23

o proletariado 30

suposições antigas 28

Metternich, Klemens von 114

modelo burocrático asiático 68

moralidade, decisões federais sobre
95, 96

mudança e inovação

apelo do cálculo 130, 131

apelo profético 131, 132

aprimoramento 53

contexto e estrutura 59

crescimento econômico e
53, 54, 55, 56, 57, 58, 59

criação de nova riqueza
76, 77

dependência da
calamidade 59

educação para 58

revolução pacífica 129, 130

setores da elite e 76, 77

socialmente inclusivo 96,
97

O que a esquerda deve propor

N

nacionalismo 46, 51

    veneno do 51, 52

Nações Unidas 116

natureza das espécies; *ver também* o bem, o eu

natureza humana; *ver também* o bem, o eu

normas; *ver também* antinomia entre normas e valores, direito, justiça substantiva

Noruega, ação construtiva 81

O

Organização Mundial do Comércio 109

P

países em desenvolvimento

    como plataformas para produção 67, 68

    desigualdades desencadeadas pelo mercado 61

    fortalecimento individual 65, 66

    inovação e cooperação 57

possibilidade econômica 62, 63

    suposições sobre 61, 62

partes e todo; *ver também* agregação, análise, individualismo, totalidade

Partido Democrata 21

Partido Republicano 21

personalidade; *ver também* o eu

pluralismo

    autocorreção e 84, 85, 86

    global 117

    qualificado 107

pluralismo global 44

pobreza 24

política

    humanização 29

    internacionalismo Metternich/Wilson/ Bismarck 114, 115, 116

    ortodoxia universalizante 36

    reforma revolucionária 40, 41

produção

    economia de serviços 89, 90

    encolhimento da produção em massa 43

    financiamento de 97, 98, 99

    inovação e cooperação 53, 54, 55, 56, 57, 58, 59

Índice

intervenções progressistas no campo da oferta 98, 99, 100
relação com a economia 76
propriedade
comércio global e 110
pequena e grande 87
privada e social 68, 69

religião; *ver também* Deus, imanência, transcendência
Roosevelt, Franklin D.
ausência de sucessor 89
catálogo da Sears Roebuck 131
projeto de reforma 59
Rússia 108

R

raça
ação afirmativa 91
colaboracionismo 93
"Guerra contra a Pobreza", de Johnson 91
integracionismo 93, 94
projeto secessionista 93
relação entre classe e 93, 94, 95
relações de poder
autoconstrução e 84, 85, 86
classe e 49
cooperação e 54
elites e 71
fortalecendo para a mudança 58
inovação e 96
pluralidade de centros 115, 116

S

segurança social
hierarquia dos padrões individuais de vida 98
impostos e 96, 97
sociais-democracias
ambição individual e 81
conservadorismo institucional redistributivo 120
empresas privadas e 78
em retirada 22, 45, 46, 73
experimentação 81, 82
importação para os EUA 96
intervenção progressiva no fornecimento 98, 99, 100
"modelo renano" 73
políticas econômicas e 75, 76, 77, 78
serviços públicos 74, 75
solidariedade social 79, 80

O que a esquerda deve propor

socialismo 20, 47

sociedade

    inclusão social 54

    sentimento de abandono 45

sociedade civil 33

    auto-organizada 92, 93, 102

    economia solidária e 80

    globalização e 108

    países em desenvolvimento e 62

solidariedade social 34

    ação voluntária 101, 102

    nos EUA 87, 88

    responsabilidade pelos outros 38, 39, 125, 126

    para além dos proletariados 41

    requalificação e 99

transcendência; *ver também* imanência

tributação 36

    na economia de mercado 55

    nas social-democracias 73, 74

    países em desenvolvimento e 62, 63, 64

    pluralismo global 113

    progressiva 98

    transferência e 119

    viabilizando gastos sociais 97

T

terceira via política 20

trabalho; *ver também* divisão do trabalho

    degeneração nos EUA 100

    desigualdades internacionais 38

    eleitorado da esquerda 104, 105

    globalização e 111, 112

    habilidade coletiva 42, 43

    hierarquia salarial 69

    maiores ganhos para o 69

W

Washington, Booker T. 93

Wilson, Woodrow 114, 115, 116

Wordsworth, William

    "A Convenção de Cintra" 121, 122

Em www.leyabrasil.com.br você tem acesso a novidades e conteúdo exclusivo. Visite o site e faça seu cadastro!

A LeYa Brasil também está presente em:

 facebook.com/leyabrasil

 @leyabrasil

 instagram.com/editoraleyabrasil

 LeYa Brasil

Este livro foi composto nas fontes ABC Arizona Sans e Lyon Text, corpo 10pt, para a Editora LeYa Brasil.